100个视角看中国

主　编：周　鹂
副主编：郑　炜
编　者：徐　梦
　　　　刘晓真

高校主题出版
GAOXIAO ZHUTI CHUBAN

外 国 人 看 中 国

本书项目组 / 编

100
Perspectives
on
China

个视角看中国

北京语言大学出版社
BEIJING LANGUAGE AND CULTURE
UNIVERSITY PRESS

© 2022 北京语言大学出版社，社图号 22076

图书在版编目（CIP）数据

100个视角看中国 /《100个视角看中国》项目组编. -- 北京：北京语言大学出版社，2022.11（2023.4 重印）
（外国人看中国）
ISBN 978-7-5619-6135-3

Ⅰ. ①1… Ⅱ. ①1… Ⅲ. ①中国－概况－文集 Ⅳ. ①K92-53

中国版本图书馆 CIP 数据核字（2022）第 150580 号

100个视角看中国
100 GE SHIJIAO KAN ZHONGGUO

责任编辑：	周 鹏　刘晓真
责任印制：	周 燚
封面设计：	奇文云海·设计顾问
排版制作：	李 越
部分图片来源：	视觉中国

出版发行：	北京语言大学出版社
社　　址：	北京市海淀区学院路 15 号，100083
网　　址：	www.blcup.com
电子信箱：	service@blcup.com
电　　话：	编 辑 部　8610-82303670
	国内发行　8610-82303650/3591/3648
	海外发行　8610-82303365/3080/3668
	北语书店　8610-82303653
	网购咨询　8610-82303908
印　　刷：	北京博海升彩色印刷有限公司

版　次：	2022 年 11 月第 1 版	印　次：	2023 年 4 月第 2 次印刷
开　本：	889 毫米 × 1194 毫米　1/32	印　张：	7.75
字　数：	187 千字		
定　价：	98.00 元		

PRINTED IN CHINA
凡有印装质量问题，本社负责调换。售后QQ号1367565611，电话010-82303590

目录 Contents

1 我看中国新时代　　　　　　　　　　1

1. 我给习近平主席写信　　　　　　　2
   门杜　【喀麦隆】
2. 我心目中的中国　　　　　　　　　5
   陈忠德　【越南】
3. 我眼中的中国农村扶贫　　　　　　8
   李云起　【加拿大】
4. 中国农业　　　　　　　　　　　　10
   斯蒂芬　【坦桑尼亚】
5. 中国经济与中国人民的生活水平　　12
   哈卡　【尼泊尔】
6. 我摆脱了对中国的"刻板印象"　　14
   田阳明　【埃塞俄比亚】
7. 对"中国制造"的误解　　　　　　16
   李云起　【加拿大】
8. 我看"一带一路"　　　　　　　　18
   柯澜贝　【巴基斯坦】
9. 走在世界前列的中国　　　　　　　20
   洪妙珑　【印度尼西亚】
10. 我在中国的安心生活　　　　　　　22
    王笑　【埃及】
11. 谢谢你,北京冬奥会　　　　　　　24
    嘉娜尔　【哈萨克斯坦】

i

12. 北京冬奥会　　　　　　　　　　26
　　　　　　　　韩达　【约旦】
13. 有一种感动叫永不放弃　　　　28
　　　　　　　　胜利　【尼泊尔】
14. 中国的三孩政策　　　　　　　30
　　　　　　　沈薇利　【马来西亚】

2 我看中国生活　　　　　　　32

15. 直播带货　　　　　　　　　　34
　　　　　　　黎明光　【越南】
16. 中国的无现金支付　　　　　　36
　　　　　　　李云起　【加拿大】
17. 广场舞　　　　　　　　　　　38
　　　　　　　刘佩丝　【越南】
18. 一举多得的广场舞　　　　　　40
　　　　　　　莫妮卡　【肯尼亚】
19. 中国的地书和晨练　　　　　　42
　　　　　　　白乐桑　【法国】
20. 我在中国最爱用的App　　　　 44
　　　　　　　爱雅　【哈萨克斯坦】
21. 中国进入无现金社会　　　　　46
　　　　　　　莫妮卡　【肯尼亚】
22. 共享单车上的中国　　　　　　48
　　　　　　　城间小采　【日本】
23. 高效率生活　　　　　　　　　50
　　　　　　　本努尔　【突尼斯】
24. 北京的自行车出行　　　　　　52
　　　　　　　文森特　【布隆迪】
25. 今天你"微"了吗？　　　　　　54
　　　　　　　阿兹图希格　【蒙古】
26. 在中国看病　　　　　　　　　56
　　　　　　　莫妮卡　【肯尼亚】

27. 你的手机在中国没电了！ 58
思言 【尼日利亚】

3 我看中国传统文化 61

28. 茶文化是如何让我留在中国的 62
李云起 【加拿大】

29. 西湖山村和龙井茶 64
塔莎 【塞尔维亚】

30. 我与中国茶的缘分 66
斯蒂芬 【坦桑尼亚】

31. 我的茶艺课 68
林可儿 【泰国】

32. 二十四节气 70
安娜 【德国】

33. 特别的端午节 72
沈薇利 【马来西亚】

34. 中国的筷子 74
沙迪拉 【尼泊尔】

35. 手里拿起筷子，心里放下芥蒂 76
沈薇利 【马来西亚】

36. 我眼中的旗袍 78
黎氏玄清 【越南】

37. 中国的红包 80
刘佩丝 【越南】

38. 我喜欢龙泉青瓷 82
李云起 【加拿大】

39. 中医的智慧 84
沈薇利 【马来西亚】

40. 良药苦口——带儿子看中医 86
塔莎 【塞尔维亚】

41. 太极拳教会我的道理 88
颜毅晟 【马来西亚】

4 我看中国风景 90

42. 中国那么大,我想去看看　　　　　　　92
　　　　　　　　张德贵　【印度尼西亚】

43. 我的中国乡村生活　　　　　　　　　94
　　　　　　　　李云起　【加拿大】

44. 在中国观光旅游　　　　　　　　　　96
　　　　　　　　迷迭香　【加纳】

45. 钱塘江夜景　　　　　　　　　　　　98
　　　　　　　　塔莎　【塞尔维亚】

46. 星星之火,可以燎原
　　——井冈山文化考察　　　　　　　100
　　　　　　　　宋翊　【马达加斯加】

47. 在武当山看日出　　　　　　　　　102
　　　　　　　　李云起　【加拿大】

48. 落叶归根——印象大中华　　　　　104
　　　　　　　　黄玮伦　【马来西亚】

49. 识古寻踪——寻访中国古建筑　　　106
　　　　　　　　范氏秋　【越南】

50. 2021"知行贵州"之旅　　　　　　108
　　　　　　　　胜利　【尼泊尔】

51. 难忘的故宫之旅　　　　　　　　　110
　　　　　　　　阮玉千金　【越南】

52. 风景壮丽的黄山　　　　　　　　　112
　　　　　　　　李云起　【加拿大】

53. 游览杭州寺庙　　　　　　　　　　114
　　　　　　　　塔莎　【塞尔维亚】

54. 海南岛槟榔谷之行　　　　　　　　116
　　　　　　　　文森特　【布隆迪】

55. 在中国寻找朱鹮　　　　　　　　　118
　　　　　　　　李云起　【加拿大】

56. 望城——无声的美丽　　　　　　　　　　120
　　　　　　　　　沈薇利　【马来西亚】

5 我看中国抗疫　　　　　　　　122

57. 抗击疫情，中国给世界上了一课　　　124
　　　　　　　　　李山姆　【刚果（金）】
58. 面对疫情，美国应该向中国学什么　　126
　　　　　　　　　范贝琳　【美国】
59. 新冠肺炎疫情期间的中国生活　　　　128
　　　　　　　　　李云起　【加拿大】
60. 与我们共同的"敌人"做斗争　　　　130
　　　　　　　　　宝贝　【尼日利亚】
61. 阳光落下的武汉　　　　　　　　　　132
　　　　　　　　　阮氏云庆　【越南】
62. 我相信中国一定会渡过疫情难关　　　134
　　　　　　　　　思言　【尼日利亚】

6 我看中国留学生活　　　　　　137

63. 我在中国的那些日子　　　　　　　　138
　　　　　　　　　阿那萨　【也门】
64. 我的"超现实"中国经历　　　　　　140
　　　　　　　　　阿塔那修　【马拉维】
65. 武汉大学的夏日记忆　　　　　　　　142
　　　　　　　　　郑紫帆　【乌克兰】
66. 昆明留学生活　　　　　　　　　　　144
　　　　　　　　　郭爱丽　【缅甸】
67. 未名湖冰场上的回忆　　　　　　　　146
　　　　　　　　　陈宗真　【泰国】
68. 尝试使我快乐　　　　　　　　　　　148
　　　　　　　　　冯洁若　【缅甸】

69. 阳光总在风雨后 150
　　　　　　　　　　　格莉塔　【卢旺达】
70. 梅花香自苦寒来 152
　　　　　　　　　　　图雅　【纳米比亚】
71. 疫情之下，我在中国留学 154
　　　　　　　　　　　李文龙　【泰国】

7 我看中国美食　　　　　　　156

72. 畅游中国，随心吃喝
　　——留学生喜欢的五大中国菜 158
　　　　　　　　　　　康塔琳　【老挝】
73. 四川美食：就像远方的家 161
　　　　　　　　　　　思言　【尼日利亚】
74. 中国传统食物——北京烤鸭和粽子 164
　　　　　　　　　　　菲利普　【布基纳法索】
75. 同学，吃了吗？ 166
　　　　　　　　　　　郑紫帆　【乌克兰】
76. 体验中国节日美食——粽子 168
　　　　　　　　　　　萨图宁　【布基纳法索】
77. 老北京的精酿啤酒 170
　　　　　　　　　　　李云起　【加拿大】
78. 北京咖啡文化记忆 172
　　　　　　　　　　　杨侬婷　【马来西亚】
79. 学习包饺子 174
　　　　　　　　　　　哈卡　【尼泊尔】
80. 又辣又香的重庆美食 176
　　　　　　　　　　　李云起　【加拿大】

8 我看汉语汉字　　　　　　　178

81. 我与汉语的美好邂逅 180
　　　　　　　　　　　黎氏庆泠　【越南】

82. 我的汉语启蒙老师　　　　　　　　　182
　　　　　　　　阿力　【吉尔吉斯斯坦】
83. 感谢汉语　　　　　　　　　　　　184
　　　　　　　　金月　【吉尔吉斯斯坦】
84. 汉字之美　　　　　　　　　　　　186
　　　　　　　　何晓娜　【摩洛哥】
85. 我与中国方言、音乐、影视及相声的故事 188
　　　　　　　　何欣芬　【缅甸】
86. 我对中国方言的感受　　　　　　　190
　　　　　　　　花曼婷　【土库曼斯坦】
87. 中国方言　　　　　　　　　　　　192
　　　　　　　　达莎　【白俄罗斯】
88. 千里姻缘汉语牵　　　　　　　　　194
　　　　　　　　金憼珠　【韩国】

9 我看中国教育　　　　　　　　196

89. 中国的应试教育与素质教育　　　　198
　　　　　　　　达莎　【白俄罗斯】
90. 中国的大学　　　　　　　　　　　200
　　　　　　　　迷迭香　【加纳】
91. 留学生眼中的中国教育　　　　　　202
　　　　　　　　古瑞娜　【巴基斯坦】
92. 我在中国读博士　　　　　　　　　204
　　　　　　　　思言　【尼日利亚】
93. 中国父母对孩子的期望　　　　　　206
　　　　　　　　达莎　【白俄罗斯】

10 我看中国人　　　　　　　　208

94. 我眼里的中国人　　　　　　　　　210
　　　　　　　　沙迪拉　【尼泊尔】

95. 永恒的雷锋精神 　　　　　　　　212
　　　　　　　　达莎　【白俄罗斯】
96. 有缘千里来相会 　　　　　　　　214
　　　　　　　　张德贵　【印度尼西亚】
97. 北京的人情味儿 　　　　　　　　216
　　　　　　　　阮玉千金　【越南】
98. 轻松自在的出租车师傅 　　　　　218
　　　　　　　　沈薇利　【马来西亚】
99. 平和从容的杭州人 　　　　　　　220
　　　　　　　　塔莎　【塞尔维亚】
100. 不同地方中国人的性格特点 　　　222
　　　　　　　　沈薇利　【马来西亚】

本书作者　　　　　　　　　　　　　　224

我看中国新时代

100个视角看中国

我给习近平主席写信

👤 门杜
🌐 Joseph Olivier Mendo
📍 喀麦隆

虽然已经在中国学习和生活了大约 5 年，但对我来说，中国仍然有很多事情是我所不了解的。中国有着五千年的悠久历史，但在最近几十年的发展中，中国涌现出了更多的故事。特别是近些年，中国正在从一个制造业大国转变为金融中心和创新中心。我意识到，如果不细心观察、用心体验这些变化，就不能了解真正的中国。在北京大学学习的 5 年时间里，我目睹了中国的很多变化，与中国人一起庆祝了中华人民共和国成立 70 周年，亲耳听到习近平主席在中国共产党成立 100 周年大会上宣布中国已经解决了绝对贫困的问题，亲眼见证了中国为战胜新冠肺炎疫情而采取的严谨高效的管理措施。2021 年 5 月初，我和几位同学代表北京大学留学生给习近平主席写信，分享了我们的经历和感受。此后，我还应全球化智库（Center for China and Globalization, CCG）研究中心秘书处的邀请，参加了"国际青年领袖对话"（Global Young Leaders Dialogue, GYLD）项目下的"国际青年中国行"，走访了贵州、广东、四川、江西、陕西和河北等地。这让我决定再一次跟其他外籍青年代表一起写信与习主席分享我们学到的东西，同时简要介绍中国在与世界的合作中面临的挑战，并提出我们的一些建议。

作为给习近平主席写这两封信的发起者之一，我和其他国际青年代

▼ 我给习近平主席写信

表一样,在写信的时候并没有想到会发生什么。然而,让大家无比惊讶的是,习近平主席通过官方渠道给我们回信了!我们非常高兴、非常幸运地分别在6月21日和8月10日收到了回信。这两次回信反映了习近平主席对我们这些在中国学习、生活和工作的留学生的关心,以及对我们在国际交流中的作用的重视,真的让我非常激动!

在第一封回信中,习主席用到了"百闻不如一见"这个中国成语,欢迎我们"多到中国各地走走看看,更加深入地了解真实的中国",把我们的想法和体会介绍给更多的人,"为促进各国人民民心相通发挥积极作用"。他还强调,要读懂今天的中国,必须读懂中国共产党。

在第二封回信中,习主席首先赞同我们信中说的,中国人民依靠自己的智慧和汗水实现了小康。他进一步强调,"要幸福就要奋斗","要想发展振兴,最重要的就是立足国情、走自己的路"。习主席的回信简短而深刻,真实地概括了广大中国人民为实现中华民族伟大复兴的中

国梦而共同努力奋斗的伟大业绩,表达了中国"更好发展自身、造福世界"的决心。习主席还鼓励我们与中国青年更多地交流,互学互鉴,共同成长,让我们备感温暖。

早在 2015 年,习近平主席在联合国教科文组织第九届青年论坛开幕式上就提出,希望各国青年用欣赏、互鉴、共享的观点看待世界,推动不同文明交流互鉴、和谐共生。收到这两封回信后,我更加坚信,国际青年有责任更好地利用中国的经验和独特视角,为中国和我们各自国家的未来出谋划策,并促进中国与世界之间更顺畅的沟通。我们要想了解中国,就需要用"空杯心态"看待中国。只有当我们的"杯子"是空的时,我们才能接受新事物,才能真正了解中国。作为生活在中国的外国青年,作为新时代的青年,我们应该主动"倒空杯子",通过交流和实地调研,更深入地了解中国的现状和多元文化,用中国的"励志故事"增进中国人民与世界各国人民的友谊,同时让中国青年通过我们了解世界,为构建人类命运共同体做出贡献。

我心目中的中国

陈忠德
Tran Trung Duc
越南

  我与中国的缘分从很早就开始了。记得2017年第一次乘坐从河口开往昆明的绿皮火车，7个小时的车程，十分颠簸，我坐着难以入眠，躺着又怕会滚下来。我就在这样的颠簸中踏上了前往中国的旅程。

  来中国之前，我在《最强大脑》节目中看到了年轻一代的中国选手，他们个个都出类拔萃，凭借着远超常人的智慧和坚强不屈的精神挑战着世界各国的最强大脑联盟。在绝大多数比赛中，中国选手都占据优势。在决赛中，他们甚至还与百度的人工智能机器人对决。尤其不可思议的是，在一些人工智能机器人的识别成功率几乎为零的挑战项目中，中国选手也能在很短的时间内以100%的准确率果断地得出答案。我在这个节目中看到的是中国最优秀的年轻人，但我并不了解普通中国人是什么样子。

  来中国之后，我在普通中国人身上看到了一些十分珍贵的品质，那就是真诚、善良、勤劳。出租车司机的善良、学校里老师的周到、保安叔叔的严格让我难以忘怀，他们就像是我的亲人一样，让我在异国他乡感受到了浓厚的人情味。记得在同济大学上学那年，有一次我的脚扭伤了，行动十分不便。整整一个月的时间里，我的班主任每天都用电动车带我到学院上课，下课后再送我回宿舍，一些中国同学也轮流帮我买饭送到宿舍。虽然他们都很忙,但他们都愿意腾出时间来关心我、照顾我,让我感受到了家人般的温暖。

中国人带给我温暖和感动,中国的发展则带给我惊喜和振奋。地铁公交繁忙而有序,外卖快递快速而精准,发达的城市交通和物流网络让我感叹中国效率之高。新冠肺炎疫情暴发以来,中国和全世界一样,都承受了不可想象的痛苦与悲伤。但在中国政府的领导下,白衣天使们和全体中国人民齐心协力,使得中国很快就控制住了疫情,人们的生产生活逐步恢复了正常。如今,中国把自己生产的疫苗送到很多国家,帮助那里的人民抗击疫情。

现在不断突破创新、砥砺前行的中国,植根于厚重的历史。中国有着上下五千年灿烂辉煌的历史,也有被外族侵略的屈辱历史,但这个坚强的民族永远不屈服,他们一次次以团结的力量把敌人赶出国门,骄傲地屹立于世界民族之林。这股团结的力量来自一颗颗充满爱国精神的心,也正是这一颗颗爱国之心激励着一代代勤劳的中国人奋力前行。

中国领导人习近平主席提出的"一带一路"倡议,如今已经给中国以及周边邻国的经济带来了巨大的推动。习主席与中国共产党长远的眼光和开阔的视野给了中国以及全世界更多、更好的合作与发展机会。

2017年,我参加了"感知中国——走进'世界小商品之都'义乌"的活动,参观了全球最大的小商品集散中心——义乌小商品市场。还记得当时带团的导游对我们说:"要是你们每天都在这个市场里逛8个小时,每家店都停留3分钟,那么你们要花大概一年半的时间才能逛完整个市场。"我当时就愣住了,居然有规模如此巨大的批发商场,真让人感慨万分。

那天晚上,义乌商城的工作人员还特意举办了合作会议。主持人给我们介绍了义乌商城的发展历史和运营方式,他说:"只要你们提供的商品符合我们的要求,那么就可以与义乌商城建立合作关系,在义乌商城出售你们国家的商品。这样一来,不仅我们商城有了一款新的商品,你们也有了一片新的市场。"在这里,我看到了中国与其他国家在经济上的紧密合作,互利共赢。

▼ 我心目中的中国

随着"一带一路"倡议的推进,越来越多使用中国技术建造的铁路陆续在亚洲、欧洲、非洲等地区投入运营,促进了国家之间的互联互通,也让更多地区更紧密地连接在了一起。

在我心里,中国这个古老而又年轻的国家就像一位慈母,孕育着一代代热爱祖国、充满智慧的中国人,也在历史发展的过程中为人类文明贡献出了自己的力量。我也深深地祝福中国越来越好。

100个视角看中国

我眼中的中国农村扶贫

& 李云起
🌐 Keaghan Strang
📍 加拿大

    2020年夏天，我有幸与新华社合作拍摄了两部关于中国农村扶贫问题的纪录片。"扶贫"是一个我以前不太熟悉的话题，直到和新华社的一些记者接触后，我才真正开始理解中国政府在扶贫方面所采取的措施。虽然我知道贫困在中国农村是一个持续存在的问题，但我不知道中国政府为消除贫困做了多少工作。

    一开始，我上网收集了一堆数据、看了许多报道来熟悉这个话题，我还特意学习如何用中文说与扶贫有关的关键词，为即将到来的拍摄做准备。虽然这些资料能给人留下大概的印象，但如果没有去过贫困地区，你真的无法理解发生了什么，也无法明白中国政府推行的扶贫政策对贫困地区的重要性。在去山西和贵州这两个地区期间，我亲眼看到了政府是如何帮助当地实现可持续发展的。通过与当地官员和居民的交谈，我也学到了很多东西。虽然我在那里所花的时间不足以见证他们取得的所有进步，但我至少了解了他们是如何脱贫的。

▼ 我眼中的中国农村扶贫

  我到达的第一个地方是山西省壶关县石坡乡的南平头坞村，在那里待了5天。虽然我的镜头不是很多，但我仍然找到了让自己忙碌的方法。在拍摄期间，我了解到了村干部是如何帮助村民制订商业计划、为当地人带来各种就业机会（刺绣、农业、旅游）的。毫不夸张地说，这个村子本身是相当美丽的。整个村庄的房屋和院墙全部用红、白、黄、绿、青、蓝、紫等10种颜料进行喷涂彩绘，处处充满了艺术气息，宛如一个五彩斑斓的童话世界。我把自己拍的照片和摄制人员拍的一些无人机镜头发到Instagram（照片墙）上之后，家人和很多朋友都说，要是他们以后有机会来中国的话，让我一定要带他们去这个村庄看看。在我看来，南平头坞村绝对是一个值得一去再去的地方，不光是因为风景，还因为当地人民的热情好客和文化气息。

  完成在山西的拍摄几天后，我就动身去贵州与另一个摄制组会合。虽然到达沿河县大坪村的路程相当漫长，但穿越数百公里的山路绝对是值得的。在这个项目中，我更多地参与其中，并担任了短片的记者。通过几天的拍摄，我对山里的生活有了新的认识，看到了村民们是如何适应当地环境、如何利用当地资源的。我们去的其中一个村庄位于自然保护区内，当地的农产品（辣椒和蜂蜜等）质量上乘。在不同的村庄和茶园拍摄的时候，我花了很多时间去了解当地的商业活动。在那里，我不仅学到了扶贫的知识，还了解了当地的生活方式和传统。我们参观和居住的都是土家族村庄，我也因此了解了一些土家族的传统和文化。

  虽然大家可能没有机会以我这样的身份去参观这些地方，但去中国这些偏远的农村地区了解更多的文化、了解更多的生活方式绝对是很有价值的。尤其是对于我们这些大部分时间都生活在拥挤的城市中的人来说，与这些地区的当地人交谈让人受益匪浅，他们向我们展示了一种不同的人生观。如果你想更多、更好地了解中国的扶贫情况，可以在新华社的手机客户端上找到许多关于扶贫的纪录短片。也许看过这些视频后，你会像我一样对这个话题产生兴趣，然后也去中国农村看看呢！

100个视角看中国

中国农业

👤 **斯蒂芬**
🌐 Amani Stephen Milinga
📍 **坦桑尼亚**

我是 2019 年 9 月从坦桑尼亚来到中国北京的。我很兴奋，因为就要在异国他乡开始新的生活了。进入中国农业大学是一个在国际环境中跟随顶级教授学习的绝佳机会。这也让我有机会认识来自不同学术和文化背景的人，最重要的是可以了解中国的农业。中国人是如何生产出足够的粮食养活自己国家的人民的？这个问题我已经想了很多年了。

在北京待了几个月后，我搬到了河北省曲周县的一个村子。曲周是华北平原的典型农区，华北平原是"中国四大粮仓"之一，因为这里粮食产量稳定，还能供应给中国其他地区。在这里，我了解到了一些中国农民的生产方式。

我在曲周学到的第一件事，就是他们一年种两季，也就是说，冬天种植小麦，春天或夏天种植玉米（即冬小麦—夏玉米轮作种植模式）。这与我们坦桑尼亚非常不同，我们只在每年的雨季种植一次作物，农民们会休息到下一个雨季。这是我第一次认识到为什么中国每年能生产足够的粮食来养活自己国家的人民，同时也向其他国家出口，尤其是发展中国家。

另一件让我感兴趣的事是机械的普及，从撒种到种植再到收获都会使用小型机械。在曲周及周边村庄，大多数农民（我称呼他们为"叔叔、阿姨")在冬季和夏季使用机械化播种机分别播种小麦和玉米种子。大多数农民在播种后不久就灌溉土地,特别是夏天,因为土壤非常干燥,这样做有利于种子生长。等到夏季降雨开始,就不用担心干旱的问题了。

农民们会按照当地政府部门的农业专家或肥料公司的建议在规定的时间内给小麦和玉米施肥。这些专家不知疲倦地工作着,以确保粮食的产量。农民通常会从当地商店购买肥料。我意识到,农民如果有足够的补贴来购买肥料和其他化学品,那么他们的作物会生长得更好。

我喜欢和农民一起在他们的田地里从事各种活动,比如种植和施肥。当你有机会与他们一起劳作时,你会发现这些叔叔阿姨知识都非常丰富,我将这些知识称为"乡土知识"。一个人只要长时间反复地做某件事,最终就能掌握这种技能。他们种植和管理农田的方式表明,农业专家也可以向农民学习。这些乡土知识在农民中世代传承,他们收获种子、加工种子并将其保存到下一季,这展现了他们的智慧、继承性和创新性。

我了解到中国一些重要的节日也和农业有关。比如,收获玉米通常在9月底10月初,这个时候的月亮最大最圆,这时中国人会庆祝中秋节(老百姓也会开玩笑地说成"月饼节")。我和朋友们还有农民们就会聚在一起吃月饼,庆祝丰收的时刻。

中国只有世界7%的耕地,却养活了世界五分之一的人口。中国农业的巨大成就值得全世界学习。

中国经济与中国人民的生活水平

哈卡
Prince Dhakal
尼泊尔

1978年，中国在中国共产党的领导下开始进行改革开放，这使中国经济朝着正确的方向发展，使中国取得了举世瞩目的成就。对外贸易的发展和外来投资的参与使中国成为世界上增长最快的经济体之一。中国人民勤劳的本性在这一增长中发挥了重要作用，这就是为什么中国在短短40多年的时间里就能发生翻天覆地的变化的原因之一，这简直就是个奇迹！

我还是学生的时候就来到了中国，我注意到人们的贫富差距在缩小。因为不喜欢待在大学的宿舍，于是我便开始租房。公寓的租金让我惊讶。我租了一套不错的公寓，有客厅、厨房、卧室和一个漂亮的大阳台，一个月只要大约200美元。这是一个很实用的指标，因为这说明像我这样的学生或收入较低的人也可以为自己和家人提供舒适的居住环境，而不

▼ 中国经济与中国人民的生活水平

会成为无家可归者。在中国，实惠的不仅是房租，还有食物，特别是教育。人们不需要花太多的钱就能满足基本的生活需要，这是世界各国人民的梦想，而中国人似乎已经实现了这个梦想。2021年，中国宣布历史性地解决了绝对贫困问题，全面建成了小康社会。中国的贫困人口从2012年的9899万逐年递减，在2020年实现了绝对贫困人口"归零"。对于世界上人口最多的国家来说，彻底告别绝对贫困是令人钦佩的，从中我们可以学到很多东西，因为我们都希望世界上没有人死于饥饿。

你最喜欢的一句话是什么？你可能会说"我爱你"，但对我来说，是"中国制造"。因为在我成长的环境里，我看到的、买到的大多数产品都与"中国制造"相关。中国毫无疑问是世界上最大的货物出口国，西方的跨国公司也喜欢在中国建厂。人们可能会说，这是因为中国有廉价的劳动力，但这种观点并不全面，我认为更重要的是工作的质量和效率。假如两个人领取相同的报酬，一个人能够高质量地完成更多的工作，另一个人工作的质量和效率都不高，你会选择与哪个人合作？答案很明显。这就是为什么中国每年都会新建很多的工厂，而且工厂数量还在不断增加的原因之一。"中国制造"不仅服务于中国自身，也服务于世界各地的人们，使他们也能够以实惠的价格买到自己需要的商品。阿里巴巴、华为等中国知名品牌也在推动中国经济走向国际市场方面发挥了重要作用，极大地促进了中国技术的发展，这对中国经济本身也有好处。

1980年，中国只有不到20%的人口生活在城市，但现在这一比例已经上升到了64%，也就是说，中国有一半以上的人生活在城市。这意味着人们可以获得更多的工作机会，这也有助于消除贫困，促进经济增长。

我现在生活在中国西南地区的成都——四川省的省会。这是一座美丽的城市，看着这里人们的生活质量，看到他们过着平静安宁的生活，我不仅对中国的未来，也对世界的未来抱有希望。因为我知道，如果所有人都向往光明的未来，并为此付出不懈努力的话，那么"一切皆有可能"。

我摆脱了对中国的"刻板印象"

& 田阳明
Tewodros Megabiaw Tassew
埃塞俄比亚

来中国以前,我对中国的看法基本上是受西方媒体的影响,另外,我还知道中国是世界第二大经济体和人口最多的国家。但是当我真正一个人在中国生活过才意识到,一些西方媒体对中国的描绘仅仅是一种猜测和虚构。

作为外国人,我对中国人有着自己的"刻板印象",比如:中国人工作很努力,但他们非常害羞,不喜欢与别人打交道。从中我得出"结论":到中国后我将面临许多挑战,比如语言、饮食和文化等等。但令我惊讶的是,到中国后,我发现中国的生活方式有很多有趣的地方。

就语言方面来说,到中国后,我在校外碰到的人似乎根本不会说英语。第一次住在一个人们不会说英语的环境中,真是令人恐惧。但第二天开学,我发现学校里大多数的人都会说英语。通过一段时间的学习,我的汉语也在进步。汉语确实是一门很难掌握的语言,但如果想要在中国获得成功,我必须提高自己的汉语水平。虽然学校并不要求国际学生选修高级汉语课程,但我还是挤出时间去上课。在汉语老师的帮助下,我参加了HSK(汉语水平考试)四级考试,并取得了很好的成绩。

在饮食方面,来中国之前,我听到的传言是中国人吃狗和蛇,家人和朋友都让我小心在中国吃的东西。于是来中国后,我每次都小心翼翼地点菜。我告诉自己不要吃肉,因为可能是蛇肉或狗肉,但是后来我发现,其实普通中国人平时根本不吃这些。当然,如果你喜欢冒险,你可以在中国尝试很多"怪异"的美食。但对于大部分人来说,吃的更多的还是"传统口味",因此无须担心。起初,我只吃自己熟悉的食物,但是随着时间的流逝,我也好奇起来,愿意去尝试各种各样的中式菜肴。

▼ 我摆脱了对中国的"刻板印象"

现在,对我而言,中国菜是我接触过的最独特的文化遗产之一。中国人喜欢就着米饭吃菜,而且使用筷子,而不是西式的叉子和勺子。这几年,我尝过许多传统的中餐,其中最让我难忘的是饺子、火锅  和麻婆豆腐。我发现很多中国人喜欢吃辛辣食物,这跟我们国家的人一样。有时候吃到这些辣的菜,我就像回到了祖国一样。

在中国,你最不能错过的还有美丽的风景。中国是一个古老的国家,拥有丰富的历史和文化,有许多古老的遗迹等着我们去参观和探索,而且你永远不会感到厌倦。从北京的长城到西安的秦始皇兵马俑,有太多有趣的地方。中国既有发达的现代化大都市,也有很多传统的寺庙和古迹。我参加了学校组织的许多课外活动,了解了中国的传统文化并拓宽了自己的视野。

中国的科技也相当发达。第一次来中国时,我对我们国家与中国的差异感到惊讶,特别是中国的地铁,因为这是我们国家没有的东西。我选择留学中国时,我的很多朋友选择了去欧洲或美国,因为人们普遍认为中国是第三世界,教育水平自然也比较低。但事实证明,实际情况并非如此。

我觉得,中国是世界上最适合旅游、学习和工作的国家之一。中国不仅拥有悠久的历史、古老的文明,而且也有先进的科学技术,是留学生的首选目的国。尽管我即将毕业,但不管将来在什么地方工作,在中国生活和学习的经历都会永远留在我心中。

对"中国制造"的误解

  李云起
Keaghan Strang
加拿大

  "重质不重量"绝对是我生活的信条。无论是吃的食物、穿的衣服,还是用来泡茶的瓷器,我总是把质量放在第一位。老实说,为了省钱而牺牲质量实际上并不能节省多少钱,反而可能因为买得多造成更大的浪费。当然,我写这篇文章的目的不是号召大家不要买廉价的产品,而是想消除许多人对"中国制造"的误解。

  在我成长的过程中,买"中国制造"的产品并不是什么值得骄傲的事情。这个标签通常意味着批量生产、价格低廉、质量低劣。虽然我和父母并没有这样的使用体验,但我所成长的社会却普遍存在这样的看法。人们觉得,中国的生活成本和最低工资标准都很低,所以中国生产的商品质量也不会很高。缺少事实依据,进行误导性宣传,使大家对中国形成了这样的刻板印象。

  我并不是说,中国不生产低质量的产品,其实每个国家都有这样的产品。我想强调的是,中国也生产高质量的产品。市场上那些质量低下的产品根本不能反映中国工匠的能力,只能反映世界各国人民的购买需求。如果西方的公司希望以惊人的低价批量生产某种产品,那么中国的工厂将按照对方所支付的费用生产出质量相当的产品;反过来,如果有公司正在寻找价格合理的优质产品,那么中国的工厂或个人也能生产出

▼ 对"中国制造"的误解

符合需求的产品。就像中国俗话说的："一分钱，一分货。"

在中国生活了5年多，我见过各种各样的中国产品，包括很多传统手工艺品，许多工艺技术甚至在师徒之间代代相传了1000多年。除了生产适合中国本土使用的产品外，也有许多公司为国外客户生产时尚的、现代的优质产品。能提供这种高品质产品的不仅有小企业或私人企业，也有许多高度现代化的大公司。

几年前，我父亲到广州出差。当时我忙着上课，不能陪他，但听了他参观的经历后，我也感同身受。当然，并不是他参观的每一家工厂都达到了预期，但也有许多工厂远远超出了他的期望。他一遍又一遍地描述这些工厂几乎是"太空时代"的，比他见过的任何工厂都要先进。他在运动和服装行业工作了近30年，见过很多工厂。他参观的中国工厂主要生产高档散热鳍片、桨、冲浪板和桨板的各种零部件，以及定制的充气产品。令他惊讶的是，其中一些工厂回收再利用了95%以上的废料，而且厂里的工作条件也比他来中国之前参观的其他国家的工厂要好得多。当然，并不是所有的中国工厂都能达到这样的标准，但我们也不应该只关注糟糕的例子，从而得出片面的结论。

归根结底，不是由我来评判谁以什么价格购买了什么质量的商品，但也不能让其他人对中国这样一个多元化的国家做出片面的判断。每个故事都有不同的侧面，就像中国也有很多个侧面一样。

100个视角看中国

我看"一带一路"

柯澜贝
Bibi Kiran
巴基斯坦

2013年,中国国家主席习近平首次提出了"一带一路"的倡议,翻开了中国进一步对外开放合作的新篇章。"一带一路"倡议以政策沟通、设施联通、贸易畅通、资金融通、民心相通这"五通"为合作的基本框架,着力打造和开拓一个共享机遇、共迎挑战、共创繁荣的新型模式。

由于自然资源、经济基础、区域文化等方面的差异,中国各地区的经济发展水平与潜力各有不同,而"一带一路"建设为中国经济协调发展创造了有利条件。新时代,我们应以"一带一路"为纽带,科学规划,实现区域经济的优势互补与协调共进。

在"一带一路"倡议中,秉持"共商、共建、共享"的原则是为了实现"共赢"。国际铁路多式联运的发展,体现出各国的合作意愿正变得越来越强烈,"一带一路"合作正突破各种障碍,畅通着世界经济的血脉,也给世界人民带来了更多的福祉。

当前中国的钢铁、水泥、电力、工程机械等多个行业产能过剩,但是这些过剩产能对于一些"一带一路"沿线国家来说却是优质产能。未来随着这些产能的出口,中国优质的产品和服务将走进"一带一路"沿线国家,而中国产能过剩的局面也将得到改善。据报道,这些投资将给沿线国家提供700万个新增就业岗位,这些行业也会完善沿线国家基础

▼ 我看"一带一路"

设施的建设。基础设施互联互通是实施"一带一路"倡议的先导。一系列重大基础设施工程的投资建设,将构建一个由铁路、公路、航空、航海、油气管道、输电线路和通信网络等组成的综合性立体互联互通网络,彻底改变目前制约"一带一路"沿线国家深化合作的薄弱环节,为当今世界跨度最大、最具发展潜力的经济合作带奠定基础。

当前,越来越多的国家正在以积极的姿态参与到"一带一路"建设中。在合作中,文化交流逐渐增多,文化传播形式日益多元,增进了沿线国家之间的了解和友谊。随着交流的不断深入,合作共赢成为沿线各国的共识,文化对沿线国家的经济、贸易、农业、教育等方面正产生越来越重要的影响。当今世界形势复杂多样,未来发展面临很多不确定因素。因此,相互包容、和平共处已经成为时代发展的必然趋势,而文化的交流与传播则有助于解决各方分歧,找到化解各种矛盾的平衡点。

中国万岁,巴中友谊万岁,我爱中国!

走在世界*前列*的中国

  洪妙珑
🌐 Winnie Cherina
📍 印度尼西亚

  中国，经过了五千年的风风雨雨，见证了多少奇迹的诞生，造就了多少影响世界的伟人！直到今天，中华文明依旧巍然而立，中国人民的前途更是璀璨光明。这就是我们外国人眼里的中国。

  如今，中国的科技取得了长足的发展。美国有特斯拉，日本有雷克萨斯，中国有五菱；美国有苹果，韩国有三星，中国也有自己的华为。最令我震撼的莫过于2021年10月16日0时23分发射的神舟十三号载人飞船。这让我们不禁赞叹中国的科技已经发展到了如此顶尖的水平。

三位航天员背后的故事也成了大家聊天儿的热门话题。尤其是王亚平，这位女航天员更是赢得了所有女性同胞的敬爱。

身为汉语老师，每每在教室里提及中国，学生们都会纷纷回答"孔夫子的国家""穿旗袍的国家""我用的手机是华为""王亚平老师最牛""我爱抖音""我爸爸刚买了五菱"……可见，中国在每个孩子心中的地位都是极高的，尤其在科学与技术方面，"中国制造"更是深得人心。

"华为手机便宜又好用，难道还会有人不喜欢吗？"这是一个学生对我说的话。在印度尼西亚，华为手机深受民众喜爱，许多原本使用别的品牌的人都纷纷改用华为手机。

"中国的产品，除了便宜还有什么优点？""这些手机用不到一年就会坏的！"有人赞扬，自然就会有人质疑。可是，说这些话的人可能自己都忘了，他们每天所用的电子产品、孩子们所玩儿的玩具、厨房里所用的厨具，大部分都来自中国。

这些对中国的"刻板印象"，是不是已经永远成了中国的标签？当然不会，因为中国正一步一步地使自己更加强大，有越来越多的人向往着中国的美好，期望有一天能够在华夏大地上留下自己的脚印。

中华文化博大精深，华夏文明也如流水般源远流长。强盛如唐代，发达如现代，科技的先进已经带领中国走在了世界的前列，中国的发展蒸蒸日上，令人羡慕。作为一名在外国教授汉语的老师，我真心期望有一天能够走进中国，看一看中国人生活的大地，看一看走在世界前列的中华民族。

我在中国的**安心生活**

王笑
Basma Mostafa
埃及

我来自埃及,在中国学习、工作和生活已经有10年的时间了。2020年,我从北京语言大学毕业并获得汉语言文学博士学位,现在是上海携程旅行网阿拉伯运营站点的主管。

身为在华学习与工作的外国人,我在不同的城市生活过,也游历过许多中国的名胜古迹,还有云贵川、黔浙赣等地的少数民族地区,感受到了各种各样的地域文化和民俗民风,也结识了形形色色的中国人……其中,我在北京待的时间是最长的,那里留下了我很多青春的回忆。我也有幸在广州生活过一年,深深感受到了岭南地区的人文与地理环境是多么独特。时光飞逝,屈指算来,我在上海工作也已经有两年多了。

对于深受阿拉伯传统文化影响的家庭来说,让女孩子独自在国外生活是一件不容易被接受的事情,因为每个家庭都会首先考虑女儿的人身安全问题。虽然我父亲是一位传统思想比较重的人,女儿的人身安全对于他来说是头等大事,但是他从来没有阻止我去追求和实现我的梦想。记得那年拿到来华留学生奖学金时,我的第一个顾虑就是:父亲会不会允许我来中国学习?没想到他很高兴地支持我来中国。他一直相信中国是一个很安全的国家,而且中国人民很友好,中国是发展最稳健的经济体,所以他支持我来中国。

▼ 我在中国的安心生活

刚到中国时我年纪还很小,没有意识到安全因素有多么重要。不过时间一长我慢慢领悟到了,无论一个国家多么发达,个人的安全才是最重要的。我去很多国家旅游过,我敢说,中国是最安全的国家。这不仅是我个人的看法,我周围的外国朋友也是这么认为的。他们有人对我说:"让我留在中国这么久的主要原因是中国的治安很好。"我们每个人在中国的体验各有不同,经历的事情也不一样,但10年来从没发生过让我怀疑中国治安的事件,我在这里生活得很安心。

中国的治安管理覆盖城市的每一个角落。无论是在地铁、公交车还是街道、商场,公共场所都有专业的治安人员,哪怕是夜晚走路我也很放心。随着中国社会的进步与发展,民众的素质也越来越高。就以我目前工作的上海来说吧,这里是中国的经济中心,政府对于治安问题高度重视,可以派出大量警力维持秩序。我认为上海治安非常好的另一个原因是,上海本地人的综合素质比较高,我从没亲眼见过人与人之间发生暴力冲突。

人生的旅途中总会有挑战,同时也存在许多不确定因素。目前我在中国发展,我不确定未来是否会另有选择,但是在中国生活的每一天对于我个人的发展都很有帮助,我对中国的感情也越来越深。我在这里为自己创造价值的同时也为这个国家的发展贡献了我的一份力量。我一直以尊重与敬佩的眼光观察中国的发展,我爱中国。我在这里是安心的、顺心如意的,因为我认为个人的安全来自全社会的安定。

100个视角看中国

谢谢你，北京冬奥会

嘉娜尔
Zhanar Toktarbay
哈萨克斯坦

第二十四届冬季奥林匹克运动会于2022年2月4日至20日在中国首都北京举行，这也是中国首次举办冬季奥运会。这次冬奥会有许多让人难忘之处，除了在新冠病毒肆虐的特殊环境下举行以外，当然还有张艺谋先生导演的将中国文化历史元素与冰雪元素相结合的精彩纷呈的开幕式和闭幕式，可爱的"冰墩墩"更是成了"一墩难求"的吉祥物。

此次冬奥会让人难忘的还有奥林匹克体育精神：更快、更高、更强——更团结！我印象最深刻的是北京冬奥会上年龄最大的德国速度滑冰女运动员：克劳迪娅·佩希施泰因。她第一次参加的是1992年法国阿尔贝维尔的冬奥会，这位49岁的运动员还在此次北京冬奥会开幕式上担任了德国队旗手。她拥有丰富的赛场经验，一共获得过9枚奥运奖牌，包括5枚金牌。虽然这次冬奥会比赛中，她的成绩排在最后一名，但她仍微笑着举起双拳为自己庆祝。她说："我的成绩不是很快，但我很开心，因为我今天实现了8次参加奥运会的目标。这对我来说很重要。"我真的很佩服她的勇气和积极乐观的态度。

第二位让我难忘的运动员是羽生结弦——日本花样滑冰男子单人滑运动员。2014年，年仅19岁的羽生结弦就获得了索契冬奥会冠军，成为亚洲首个冬奥会男子单人滑冠军。他共19次打破世界纪录，是国际滑冰联盟（ISU）认可的比赛中完成后外结环四周跳的第一人。北京冬季奥运会让我同中国朋友一起见证了他的实力，也让我更加喜爱花样滑冰项目。

第三位让我难忘的是中国运动员谷爱凌，她年仅18岁就夺得了自由式滑雪大跳台金牌，并成为自由式滑雪项目中最年轻的奥运冠军。而且她还是个时尚达人，更是个学霸，这让我们看到新一代的年轻人多么优秀！

我本来很少关注冰雪项目，今年在北京冬奥会的影响下，我也不顾"高龄"地报名参加了双板滑雪训练。从基础训练开始，到每周末去阿拉木图各大滑雪场自由滑行，我真正体会到了冰雪项目的乐趣。虽然在申请2022年冬奥会举办权时，阿拉木图输给了北京，没能举办此次冬奥会，但是我希望有一天我的家乡阿拉木图也能举行冬奥会，也能接待世界各地的运动员。我也希望到时候可以当志愿者，为中国国家队提供语言服务。

谢谢中国，谢谢北京，让我们看到了一次精彩的盛会，也看到了人类对体育极限的挑战！

北京冬奥会

  韩达
Hamza Arfe Nhar Alfathle
约旦

盼望已久的第二十四届冬季奥林匹克运动会在2022年2月4日，也就是中国农历大年初四这天隆重开幕了！作为生活在北京的外国人，我和我的朋友们都感到欢欣鼓舞，特别是在开幕式上看到有自己国家的运动员和官员参会，感觉特别亲切。沙特阿拉伯更是第一次参加冬奥会，创造了历史！

当国际奥委会宣布2022年冬奥会在北京举行的时候，北京就成为世界上唯一一座既举办过夏季奥运会又举办过冬季奥运会的城市。能够在北京学习和生活，我感到非常骄傲和自豪。

特别值得一提的是本届冬奥会的开幕式。北京时间2月4日晚上8点，开幕式在中国国家体育场"鸟巢"隆重举行。二十四节气加上古诗词的倒计时真是美妙绝伦，充分体现了中国5000年的悠久历史和文化底蕴，惊艳了世界。这是中国人独有的浪漫，令全世界叹为观止。

每4年举办一次的冬奥会可以促进世界各国的文化交流。2022年北

京冬奥会带动了3亿多民众参与冰雪运动,让更多的人认识和体会到了冬季户外运动的好处和乐趣,这对提高全民身体素质和弘扬奥运精神都具有重要意义。

  我来自阿拉伯国家,因为地理位置的原因,以前很少了解和参与冬季运动项目。这次北京举办冬奥会,使我们第一次深入了解了冬季运动项目都有哪些,知道了很多项目可以在室内进行,不受地理位置和天气因素的影响。比如冰壶项目我是第一次看到,觉得很新奇;还有滑雪项目,充分展示了速度与激情。冬奥会向阿拉伯世界的民众打开了一扇大门,我们国家也开始在国内宣传冬季运动项目,鼓励更多的青少年关注冰雪运动。大家都对这些项目充满好奇,希望有机会参与冬季运动,也希望到中国的冰雪中实地体验一番。

  众所周知,冬奥会的很多比赛项目非常危险,稍有不慎就有可能受伤。北京冬奥会从各大医院抽调了数百位资深医护人员为奥运健儿提供医疗保障,同时准备了高科技的检查仪器。这些医护人员不分昼夜地工作,及时并成功救治受伤的运动员,得到了国际奥委会、各国组委会及运动员的高度评价。

  在全球新冠肺炎疫情仍有反弹的严峻形势下举办奥运会非常了不起。这次北京成功举办冬季奥运会,对推动中外文化的交流融合、增强团结产生了深远影响。

  "这是一届真正无与伦比的冬奥会。"对于国际奥委会主席托马斯·巴赫的赞誉,我想,北京是当之无愧的。

100个视角看中国

有一种感动叫永不放弃

& 胜利
🌐 Das Shatrohan Kumar
📍 尼泊尔

北京时间2022年3月4日晚上8点，第十三届冬季残疾人奥林匹克运动会开幕式在北京国家体育场"鸟巢"成功举行。很荣幸，在中国人民对外友好协会的邀请下，在北京语言大学国际学生管理处老师们的带领下，我们来自五湖四海的国际学生，在现场深深感受到了中国所展示出的大国风范。作为留学生，能够有机会亲身体验中华文化与奥林匹克精神，我感到无比的骄傲和自豪！

开幕式上，48名学生用手语"演唱"的国歌、通过击掌方式传递的国际残奥委会标志、伴随着《冬残奥圆舞曲》表演的舞蹈感动了现场所

有人。我觉得残奥会能够净化人们的心灵，让我们看到残奥运动员们身残志坚的毅力与勇气，也能让残疾人获得社会更多的包容，让他们能勇敢追求自己的梦想。

在习近平主席宣布2022年北京冬季残奥会正式开幕后，由特效焰火构成的紫色雪花再次唯美地绽放在夜空中，北京冬残奥会如约拉开了帷幕。吉祥物"雪容融"接过"冰墩墩"的接力棒，开始正式"上班"。

▼ 有一种感动叫永不放弃

四个可爱的"雪容融"滑入现场，带出两条冰雪赛道，热情地欢迎各个参赛代表团的到来。

开幕式中令我印象最深刻的是点火仪式——一个身处黑暗之中的人给我们带来了光明。燃烧的火种是从残奥会发源地——英国的曼德维尔采集的，随后和来自北京、延庆、张家口3个赛区的8路火种汇集，生成北京冬残奥会的官方火种。当最后一棒火炬手、盲人运动员李端高举火炬来到雪花火炬台时，受视力障碍的影响，他几次尝试将火炬放入主火炬台都没成功。无数人为他捏着一把汗，现场陷入了短暂的沉默。不一会儿，突然爆发出热烈的掌声，观众开始高呼"加油"为他打气。在他几番摸索终于将火炬插入主火炬台的那一刻，很多人流下了感动的泪水。这温馨而励志的情景成就了开幕式上经典的一幕。他点火过程中的一举一动带给我一种感动，那就是永不放弃的精神。

这次冬残奥会一共有6个大项、78个小项。来自世界各地的残疾人运动员在冰球、冰壶、高山滑雪、冬季两项、越野滑雪、单板滑雪项目上一次又一次的竞争让我们见证了人类奋勇向前、拼搏不止的精神。实际上，冬残奥会不仅是对残疾人的一种精神鼓舞，也是对每一个普通人的灵魂激励。

2022年的北京冬奥会和冬残奥会无疑是非常成功的国际盛会，在中国与世界其他国家之间架起了一座文化沟通的桥梁。我认为北京冬奥会的主题口号"一起向未来"就是当下人类命运共同体价值观的体现，符合世界携手走向美好明天的共同愿景。

100个视角看中国

中国的三孩政策

  沈薇利
🌐 Sim Wui Lee
📍 马来西亚

  从独生子女的计划生育政策，到二孩政策，再到如今的三孩政策，可以看出中国在经济上的快速成长，同时也可以推断中国已经踏入了教育普及化的时代。唯有当经济能力与教育程度都同时提升之际，才能避免出生人口增多但素质下降的现象发生。可见，三孩政策的推行意味着中国的经济和教育水平已经今非昔比，而这项政策对解决中国人口老龄化及中国社会生产力降低的问题也将产生极大的帮助。

  中国所推出的三孩政策是否能够得到积极响应还取决于一对夫妻的经济收入、时间分配等多方面的情况。在确保能照顾好自己身心状况的前提之下，父母才能担负起三个孩子的养育责任。其实，世界上许多国家近年来也有生育率降低的现象，选择只生两个孩子的年轻夫妇占大多数，因为大家都希望能够有一儿一女，儿女双全，而生三个或更多孩子的家庭则占少数。这很可能也是因为年轻一代更倾向于自由，在提倡"爱的教育"的大背景下，父母更注重培养孩子们的德行品质和心理素质。同时，多子化的家庭意味着父母需要投入更多的金钱和时间陪伴和教育孩子，这对于经济实力中等的年轻夫妇来说，难免会显得有些吃力。

  但倘若经济实力允许，三孩政策绝对是值得响应的事情，因为它有利于孩子的成长。每一个孩子都拥有自身独一无二的性格,他们在家中的排行不同,这会对他们的性格、思想和行为产生影响。而孩子们之间的互动,也能让他们及早经历如何长时间与不同个性和思维的同辈相处,让他们体验意见相同或矛盾分歧所带来的好坏情绪,由此形成自身的一套应对方式。这也如同提前为他们打了一剂预防针,让他们了解,成长后所要面对的世界并不能时时如愿,也可能会有不同的意见和声音。

只有当孩子在安全感十足的家庭中体会到手足之情,只有当孩子学会在遇到矛盾分歧后如何寻找合适的沟通解决方式,才能让他们拥有更加完善的人格。家庭是社会的缩影,三孩政策不仅能使家庭内部成员的相处模式更为多样化,也能让整个社会的互动、思维和行为模式都有所改变,从而推动国家朝向更多元化的方向发展。

我看中国生活

直播带货

☒ 黎明光
🌐 Le Minh Quang
📍 越南

　　近几年，中国的直播带货这种新型服务营销模式如雨后春笋，正火遍全中国乃至全世界。作为一名留学生，我也有机会亲身体验了这一网购形式。

　　我第一次接触直播带货是在2019年，当时网上经常出现"×××推荐"，很多网店都用"×××同款"的噱头来吸引眼球。我很好奇，所以专门去看了这些主播的直播。没想到的是，第一次只是抱着"看客"心态围观直播的我，竟然鬼使神差般地下了单，而且买的还是与自己毫不相干的产品！足见直播带货强大的吸引力。从此，我就开始成为各大网红直播间观众中的一员。

　　所谓直播带货，其实就是主播通过直播镜头把一款商品全方位、立体化地展示给直播间观众，使出浑身解数让观众产生购买欲望，然后就是常规的物流发货、买家收货环节。这样一个环环相扣的电商模式的核心就是"低价好货"，这也是吸引我这样的消费者前来抢购的主要原因。除此以外，"低价好货"还能帮商家获得更多的曝光度，从而卖出更多的产品，最终回流到主播身上的则是更多的人气。直播带货撑起了一个利人利己、多方盈利的局面。而我作为消费者，当然也是"姜太公钓鱼，愿者上钩"了。

▼ 直播带货

有人说，中国直播带货行业如今那么红火，离不开直播观看人数的迅速增长以及短视频软件用户的瞬时爆发。但我认为，直播电商的成败更多地取决于一个主播货品组合能力的强弱。毕竟只有全面满足不同观众群体的需要，主播们才能留下粉丝，这其中有很多的销售技巧。更重要的是，主播还需要快速、大量、持续地输出有内容的视频。说白了，媒介只是一种形式，主播输出的内容才是强有力的粉丝观众"吸附剂"。这显然是个体力活儿、辛苦活儿，这也是让我对网络主播们深感钦佩的一点。这份苦首先来自日常无间断且高效率的直播，一般新主播每天都需要完成 4 小时左右的直播，而晚间开始的直播往往要到第二天凌晨才能结束。下播之后，主播们不会立刻休息，而是继续花费大量精力在选品、找货等环节上面。他们清楚，只有尽力做到全网价格最低、全网质量最佳，才能不辜负粉丝的信任，不失去自己在粉丝心中的地位。不仅如此，就算找到了货，竞争依然非常激烈。就拿淘宝直播来说，当大量观众集中在各位顶流大主播的直播间时，其他数万个中小主播就只能在剩余 50% 的流量市场上竞争了，因此他们不得不拼命争取搭建供应链的机会。

我从直播电商主播们的拼搏精神中也受到了启发，那就是压力当前，应该不断提升自己的核心竞争力，并在这一基础上等待适合自己的机遇。

希望在不久的将来，中国的直播带货由"一时红火"变成"一直红火"，而主播们的每一份付出也能让他们得到应有的收获。

100 个视角看中国

中国的无现金支付

李云起
Keaghan Strang
加拿大

对于许多来到中国的外国人来说,我们很快就意识到了中国在不断追求科技的发展,努力为人们带来更多的便利。对于一个拥有14亿人口的国家来说,要想让日常生活更高效,这样的便利是必须的。我注意到的最典型的例子就是中国人现在很少使用现金。几年前刚来中国的时候,电子支付在西方非常普遍,但主要还是依靠银行,人们仍然使用信用卡和银行卡。在加拿大,很多人都使用带有 Tap 应用程序的信用卡,或者将信用卡与手机绑定,但并不是所有的手机和银行都支持 Tap 支付,而中国的支付方式正在快速向由支付宝和微信这两个平台主导的各种数字支付方式转型。

微信在中国就像一个包罗一切的 Facebook Messenger(脸书的聊天软件),是一个人人必备的应用程序。它不仅仅是一个日常的社交应用软件,比如和朋友聊天儿、发朋友圈,还有其他很多用途。对我来说,微信是我最常用的支付工具:充地铁卡,买电影票,叫出租车,等等。支付宝也是,我只需点击几下,就可以做很多事情,买我需要的任何东西。一开始,我比其他人花费了更多的时间来适应无现金支付,因为我希望自己尽可能少用手机,但使用手机支付的确能节省很多时间。现在我每次出门只需要带一个充满电的手机就行了,我的日常生活全都靠口

▼ 中国的无现金支付

袋里的这个小设备了。

虽然我个人希望与科技保持适当的距离,但不可否认的是,自从来到中国,科技已经改变了我的生活方式。我随身带着手机不是为了看视频,而是为了能够扫描二维码或条形码进行支付(即使流量耗尽或断网了,你的支付码也可以被扫描并用于支付),这就省去了携带钱包(里面有卡和现金)的麻烦。即使有人拿走我的手机,他也得知道手机密码才能解锁,需要我的指纹才能支付。唯一让我感到不便的是,当我手里有一些现金(尤其是损坏的纸币,无法存入自动存款机)时,我真的很难花掉它们。并不是说商店不收现金,而是因为我已习惯不带现金了。就在去年冬天,200元的人民币,我用了近两个月的时间才花掉。

我现在已经离不开手机了,我将继续体验中国的技术变革带给我的惊喜。当然,我也希望自己在技术变革和个人生活之间保持一种平衡。

广场舞

- 刘佩丝
- Luu Boi To
- 越南

广场舞是上世纪90年代开始在中国流行起来的。当时很多老人不想整天照顾孙子孙女，也不想整天在公园里闲逛，他们想找到一种属于自己的娱乐方式。广场舞还被认为是重现乡村生活的一种很好的方式，许多人离开农村并在城市定居，广场舞也从乡村走进了城市。2008年北京奥运会的成功举办，使中国掀起了全民健身的热潮，也进一步推动了广场舞的发展。

广场舞是居民自发在广场、公园等开敞空间进行的健身娱乐形式，既有自娱自乐的一面，也有表演的成分。根据中国国家体育总局的统计，广场舞爱好者的人数接近2亿。由于中国是世界上老龄化程度最严重的国家之一，这个数字可能还会继续增长。

我的邻居大多是退休不久的夫妇，有几次他们邀请我参加他们的聚会。他们认为跳广场舞能使他们保持健康。我也跟着跳了几次，在凉爽且有微风的天气里，我只跳了15分钟就开始出汗了。就广场舞的运动功能和娱乐功能而言，它既可以锻炼身体，又可以增强跳舞者的幸福感。而且与健身房的有氧健身课程相比，广场舞可以说是最便宜的运动了，人们可以很容易地找到一个开放的空间，娱乐好几个小时。此外，广场舞还是一种社交方式，可以让跳舞者交到更多的朋友，保持社交的活跃。

广场舞的流行也为许多愿意赞助这类比赛的企业带来了商机。据估计，广场舞爱好者带来的"银发经济"市场可以达到几万亿元的规模，涉及舞蹈服装、立体声音响、便携式视频播放器等等，而且线下市场的规模至少是线上市场的10倍。同时，这些跳广场舞的大爷大妈也是医疗保健公司、美容院和金融投资产品的潜在客户。

当然，由于广场舞通常有高分贝、节奏感强的音乐伴奏，也不可避免地会产生声音污染。特别是有些人使用劣质的高音喇叭，更会引起附近居民的投诉。为了维护社会和谐，有些地方对广场舞进行了规范，比如划定跳舞的场地、规定跳舞的时间、要求调低音量等。

现在，广场舞还从中国跳到了世界各地。从莫斯科红场到巴黎卢浮宫，再到纽约的公园、东京的夏日祭活动，都曾出现过中国大妈们灵活矫健的舞姿。英国广播公司报道称，广场舞已经走向了国际。

一举多得的广场舞

👤 莫妮卡
🌐 Monica Wairimu
📍 肯尼亚

在中国，你经常会在早上或晚上看到很多人在社区广场上跳舞。我对他们非常敬佩，因为像这样天天坚持跳舞是很难做到的。他们这么做不仅是因为热爱舞蹈，而且也是为了通过跳舞来保持身体的健康和心情的愉悦。

音乐是广场舞的灵魂。在我去过的一些中国的广场，跳舞的人都会播放一些很酷的音乐，这些节奏感很强的音乐能够让他们在跳舞时忘掉所有的烦恼，既放松了身体，也缓解了情绪，释放了压力。跳舞的时候，那些已经上了年纪的男男女女看起来却都很灵活，身姿轻盈，充满活力，而且脸上都有一种自信的神情。如果是夫妻的话，那么两人一组的动作可以让伴侣之间的关系更加亲密。

我必须承认，跳舞有一种魔力，非常有趣！即使我不参与其中，看着别人跳舞也让我精神振奋。在北京上学时，我就喜欢看中国人跳广场舞，期待着感受他们的活力和积极乐观的态度。我也问过他们中的一些人为什么跳舞，他们回答了各种各样的原因，从身体、心理到情感都有。跳舞也许是一种应对焦虑和抑郁的健康疗法。日常生活中的烦恼沉重地压在人们的心头，对人们的身心健康造成了损害。但是当音乐声响起，当一个人加入舞蹈的队伍，当大家都穿着统一的服装时，对许多人

▼ 一举多得的广场舞

来说，生活就像按下了暂停键，所有的烦恼都被抛在脑后了。这真是一个美妙的时刻。

跳舞对身体健康的促进作用也是不言而喻的。虽然大多数中国人很注意荤素搭配，饮食均衡，但现代社会的饮食习惯已经使人们的体重增加了很多。我了解到，不少在广场跳舞的人希望通过跳舞来达到减肥或保持身材的目的。跳舞作为一种锻炼方式，应该对减肥有一定的帮助，因为身体的每个部位都在运动，包括大脑也要指挥身体保持协调。除了通过燃烧脂肪来减轻体重之外，跳舞还可以增强心肺功能，有助于预防心脏病、高血压等疾病。现在中国人的寿命越来越长，这可能和中国人重视锻炼、注意养生也有关系。

跳舞时，与附近社区其他人的互动，还能给人带来一种成就感。正如跳舞的大爷大妈所说，广场舞让你在改善健康的同时也获得了极大的乐趣。

100 个视角看中国

中国的地书和晨练

- 白乐桑
- Joël Bellassen
- 法国

我去过中国几百次了,第一次还是在上世纪 70 年代,那时是去中国留学。我发现了很多中国与西方日常生活文化差异比较大的地方,但我觉得差异最大的还是地书和晨练。为什么呢?因为我们西方人没有这些概念。

当我第一次见到地书(用海绵或毛笔蘸水在地上写字)时,一下子就被吸引住了。我觉得地书是中国特有的一种文化现象,并且是最具有吸引力的。为什么这么说呢?可能是因为地书涵盖了中国独有的东西。第一就是书法。书法是一门艺术,而且是西方文化所没有的独特艺术。第二,地书也包含了另外一个现象,就是养生活动。地书不只是书法,书法是在室内进行的,可地书是在街上或者公园里进行的。他们为什么要这么做呢?这让我们西方人非常好奇,因为在外面练字,

42

中国的地书和晨练

是一种类似广场舞、太极拳的养生练习。地书无论是作为书法还是作为养生活动,都是西方人头脑中没有的概念。初次碰到地书,我不知如何定义这个活动。是书法吗?是养生吗?好像都不是,又好像都是。

晨练是我在中国的公园里经常见到的一种活动,但是具体怎么定义,使用哪个名称,对我们西方人来说比较困难,就像"地书"一样,我们没有这个概念。我见到的就是一种有中国特色的活动。这些活动当然简单地说就是晨练。最近这些年还有"晚练",就是广场舞。其实不仅在公园能见到,在街头也随时能见到。但无论在哪儿,这些活动都大同小异,都是中国特有的。

我觉得晨练包括了很多内容,比如武术、太极拳,还有合唱。但我觉得中国人合唱显然不仅仅是为了唱歌,一定还有中国文化的内涵在里面。此外,我对太极拳也很好奇,初次碰到时感觉有点儿像跳舞,但又不是跳舞;有点儿像运动、像体操,但又不是体操;有点儿像武术,但又不是我们平时所理解、所接触的武术或中国功夫。正是因为它难以分类,所以我很感兴趣,愿意深入了解。

另外,晨练也包括冬泳,冬泳其实也是一种养生。"养生"这个词在西方人看来是很难翻译的。不仅难翻译,而且西方文化中好像也没有像在中国这样地位很重要的养生活动。比如中国的饮食文化和法国的饮食文化都很发达,但中国的饮食文化好像还跟养生有关系,而法国的饮食文化中就没有养生这个概念。

我在中国最爱用的 App

爱雅
Abkeyeva Aigerim
哈萨克斯坦

2016年,我第一次来到中国。在中国的三年半时间是我一生中最难忘的时光。当然,刚到中国的时候,生活中遇到的很多事情都让我无比惊讶。

第一个让我惊讶的是支付方式。我到中国的时候,中国已经流行用支付宝或微信结账了。这样你出门就不需要带钱包,不用找零钱了。只要办一张银行卡并进行关联,就可以只用微信或支付宝钱包付款了,而且外国人在中国办银行卡也很方便。

第二个让我惊讶的是中国的购物 App(应用软件)。我们国家也有一些购物软件,但是跟中国相比不是那么发达。中国的网上购物很方便,我用得最多的是淘宝、天猫、拼多多和阿里巴巴几个应用程序。我毕业后曾在一家公司工作,我们公司就经常从阿里巴巴上购物。我在中国的时候基本上每个月都要上网买几次东西。网上购物不仅方便,还很便宜,而且各个网站经常会有活动,真的很划算。我每年都很期待"双十一"和"双十二",每到那时我就会给全家买上一堆东西。

第三,我很喜欢中国的外卖。有的时候你一个人不想去外面饭馆吃饭,也不想自己在家做饭,那么你就可以点外卖。我最常用的外卖 App 是美团和饿了么。外卖什么菜都有,中餐西餐任你选择。有的店免费配送,有些因为离得远,需要支付配送费,但也不会太贵,在5—10块钱之间,有时平台还会赠送代金券,而且外卖配送也很快。现在我们国家外卖刚刚开始普及,配送费还比较贵,送餐时间也比较长。离开中国两年多了,我特别怀念中国的外卖。

中国让我印象深刻的还有买菜 App。在西安上学的时候,我一个人住在学校外面。对一个女孩子来说,买菜什么的有点儿困难,因为有时候买的东西太多太重,一个人拎不动。有一次聊天儿时听中国朋友提到盒马鲜生 App,我就立刻下载了。盒马鲜生是一个网上零售超市,虽然比亲自去菜场买菜贵一点儿,但是蔬菜、水果都很新鲜。我觉得自己花的钱是值得的。

当我能熟练使用中国的快递和外卖 App 后,我以为不会再有什么软件让我吃惊了,但是我遇到了 UU 跑腿。我这个人有很多爱好,跳舞是其中之一。在中国上大学期间,我也会满怀热情地参加各种各样的比赛。那天,我要参加一个舞蹈比赛,但是却忘记带舞蹈鞋了。马上就要上台了,怎么办呢?我急得要哭了。一个中国学生看到我的样子后问我:"你怎么了?需要帮忙吗?"我把着急的原因告诉了她。她听完就笑了,我还以为她在笑话我,结果她给我介绍了一个 App,就是 UU 跑腿。这个软件的主要功能就是"同城救急",可以帮客户取东西、送东西、买东西、排队,等等。于是我立刻下了单,不过 20 分钟,我的舞蹈鞋就送到了。那个中国学生后来也成了我很好的朋友。

中国的发展速度很快,今后肯定还会有很多新的 App 出现。现在我是一名汉语老师,上课的时候,我经常会告诉我的学生,在中国生活是多么方便。我觉得中国是一个能让你享受到生活乐趣的国家。

中国进入无现金社会

莫妮卡
Monica Wairimu
肯尼亚

第一次听说无现金交易时，我认为这只是一种创造性的想象，是未来世界的东西。如果没有钱，人们怎么做生意呢？没想到，我到中国遇到的第一件事就是电子支付。到达北京首都国际机场后，我打出租车到学校。到目的地时，我正忙着掏口袋，司机师傅礼貌地向我出示了一张卡片。后来我才知道，那是一个二维码，我可以扫码后付款。感谢我的中国朋友当时在学校门口接我，她用自己的手机为我付了款。后来我才了解到，无现金交易已经在中国蓬勃发展起来了，支付宝、微信、抖音、快手等包含的电子支付方式都是中国向无现金社会迈进的伟大尝试。

回想起我在祖国的生活，付钱时，我必须把手伸进口袋，摸几枚硬币或几张纸币。而在中国，只要你有一部智能手机，只需点几下屏幕，你就可以任意支配你的财产。我认为中国的犯罪率应该很低。在中国待了两年，我还没听说过小偷的事，可能是因为基本上没有钱可以偷。在我的国家和其他经常使用现金的国家，白天偷盗是很常见的，因为一旦小偷把你的钱放进他们的口袋，你就不能证明钱是你的了。但我走在北京的街头时，完全不会因为害怕被抢劫而一直盯着可疑的人看。

我有一个开餐馆的朋友，刚认识她时，我很想知道她是如何安全地

▼ 中国进入无现金社会

把每天的销售额存入银行的。她向我解释了手机银行是如何与银行账户绑定的，这种创新大大减少了转移和保护大笔资金所花费的时间和人力。电子支付也让国际交易变得容易。我曾帮助我们国家的一些商人在中国采购货物，他们很方便地与广州的卖家进行交易。同样，作为一名在中国留学的外国学生，我可以通过手机很方便地从父母那里拿到生活费。最让人开心的是，无现金交易收取的费用可以忽略不计，有时甚至为零。中国无现金社会的另一个好处是，它让人不再有逃避账单的借口。每次和朋友出去吃饭时，我们都能轻松、公平地分摊账单，用微信的"群收款"功能，每个人都可以在自己的手机上买单。

当然，无现金支付也有一定的缺点。我已经记不清有多少次了，无现金支付让我盲目地在买不需要的东西上超支，因为支付太容易了，我完全没有意识到自己花了多少钱，这与使用现金的感受完全不同。另外，电子交易中会有大量的个人信息被泄露到网上，数据挖掘技术有可能将人们暴露在诈骗者和黑客面前。就在几个月前，我们学校的一个学生成了受害者。她的账户在进行某些在线交易时被清空了，即使有法律保护，想要追回钱款也是一个漫长的过程。

此外，有时一些技术问题也可能让你无法支付，系统故障、手机没电等小事情都会让你买不了东西。有一次去超市，我在购物车里装满了商品，排了很长的队来到收银台，结果我的手机没电了，我也没带现金，真是令人沮丧。另外，参加学校组织的去中国农村地区的旅行后，我意识到很多人，尤其是老年人，可能买不起手机，或者不会使用手机。因此，无现金支付也给这些人带来了不便，增加了人们之间的经济不平等。

可以说，从2020年到现在，我没有接触过现金，相信很多中国人也是这样，尤其是在北京这样的大城市。疫情使无现金社会的趋势更明显了。中国的互联网创新使电子支付成为必然，中国的无现金社会将继续向更好的方向发展，作为消费者，我们也要为未来的变化做好准备！

共享单车上的中国

  城间小采
Shiroma Saaya
日本

来中国之后，共享单车给我的生活带来了极大的便利。如果让我介绍中国的话，我首先强烈推荐的就是共享单车。中国人对共享单车的感受我不得而知，但作为日本人，我觉得通过共享单车可以更直接地感受到中国的魅力。

2018年，我开始在北京读研究生。2020年后受疫情影响，我一直待在日本，只能不断地回想自己在中国骑共享单车的生活。

第一次见到这种单车是看到中国学生在校园里骑行，他们的脸上都浮现着惬意的笑容。可是那时我还不知道怎么才能骑上这种车，后来通过美国同学的介绍，我才知道了怎么解锁、怎么支付。从那之后，我的活动范围一下子变大了，而且也没有了坐公共汽车出门所带来的担心。

我对共享单车的记忆比较深刻的一次是从南锣鼓巷骑到前门。从地图上看，两个地方离得并不算远，半个小时就能骑到。但我骑了一会儿发现单车有点儿坏了，需要换一辆车，可是那时我对怎么结束共享还不是很了解，而且中文也不熟练，所以一直跟车较劲，大概过了30分钟才结束了这次骑行。我又换上一辆新的共享单车，结果很顺利就到达了。骑车通过天安门广场时，我觉得夜晚的天安门是那么华美，中国的标志性建筑给人一种非常宏伟的感觉。共享单车带我去到了北京的很多地方，而且我可以随意调节自己的速度，尽情地领略中国的市井烟火。

我们有时上课还要去别的校区，我每次骑车往返用时大概30分钟。有一天上课时我感觉特别无助。同学跟我对话，我只能结结巴巴地回答；老师问我问题，我也只能说"是的"。那时我虽然听得懂汉语，可是没有自信开口说话，担心说出来之后让别人不开心或者导致误会。回去的路上我真想大哭一场，可那天是骑共享单车回的，当我一脚一脚地蹬着车时，难过的情绪也逐渐平复了下来。

廉价方便的共享单车让我品尝到了更多的"中国味道"。希望疫情过后我能再次回到中国，再次踏上那五颜六色的共享单车，骑车去探索更多中国的魅力。

高效率生活

本努尔
Nour Ben Ameur
突尼斯

从我个人的经验来看，快递和外卖是建立商家信誉度很好的方式，尤其是在新冠肺炎疫情期间。如今，它们已经成为我和许多人的首选购物和点餐方式，因为它们减少了人与人之间的直接接触。刚来中国的时候，我经常看到快递员的车里装满了人们从网上购买的商品，校园里到处都是自动储物柜。我不明白为什么要买这么多东西，但后来我自己一周收两三次快递后，也上瘾了！

在中国网购，我一直期待着最佳的送货服务。我在网上买各种各样的东西——从唇膏到笔记本电脑，应有尽有，这是多么美妙的感觉！这比在商场里四处搜寻容易得多，而且网购比实体店便宜。更棒的是，商品会直接送到我的住处。我网购越多，对卖家的要求就越高，比如我希望免费送货。如果运费太高，我会果断地换一家店。而如果一个商品可以免费送货，那我会毫不犹豫地下单！而且我越来越关心发货的速度和物流信息，我的要求也从一周内发货转向第二天甚至当天发货。

今天，外卖在中国已经成为一种潮流，也改变了我的消费习惯。作为一个读书的学生，我不是每天都有时间做饭或去餐馆吃饭的。外卖是我享受优质美食的一种方式，它节省了我很多时间。当美味的饭菜送到我的房间时，我可以穿着舒适的家居服，刷着手机里的视频享受美食。

▼ 高效率生活

外卖的包装袋大多是牛皮纸的。作为一名设计师,我喜欢牛皮纸包装,它的颜色和可回收的性质给人一种自然、原始、复古的感觉。

在中国,吸引我的还有方便现代的交通系统。骑共享单车是我最喜欢的交通方式之一。不仅经济,而且能锻炼身体,更大的好处是可以减少汽车的尾气排放量。我看到很多中国人骑自行车上下班,目的是避免交通堵塞。

网约车也是我经常使用的一种服务。我不需要站在大街上招手打车,而是打开约车软件,输入目的地,很快就会有司机接单。尽管大多数司机只会说中文,但这时候翻译软件就派上用场了。

如果想要避免堵车,那么地铁是更好的选择。中国有40多个城市有地铁。我第一次坐地铁时没有遇到任何困难,因为车站名称和指示牌上都有英语翻译,自动售票机使用起来也很简单。在北京这样的大城市,地铁无疑是我最方便、最快捷的出行方式,虽然高峰时间的车厢里也会非常拥挤。

现代社会,每个人都在追求效率,希望尽可能多地节省金钱和时间。从我的角度来看,快递、外卖和发达的交通是帮助我们在日常生活中实现高效率的有利因素,而中国在这些方面都提供了一流的服务。

100个视角看中国

北京的自行车出行

文森特
Vincent Mbonihankuye
布隆迪

在北京，很少有人会在路上走路超过一公里。除了北京，我还去过中国十几个城市。不管在哪个城市，我都会看到大街小巷停放着各种不同颜色的自行车。第一次看到这些车时，我以为它们是免费的。但是朋友告诉我，这些叫共享单车，要是想骑，得先用手机扫描车上的二维码。这对我来说很新奇，因为我们国家没有这样的车，也没有这种技术。扫完车上的二维码后，车锁就会自动打开，然后你就可以骑车了。到达目的地后，把车锁上，系统就会自动扣费了。支付方式是微信或支付宝，我来中国不久就学会如何使用这些应用程序了。一般1.5元可以骑行半个小时，如果你经常用车，可以买月卡，那样价钱还会便宜不少。共享单车的应用程序还有英文版本，对于外国人也很方便。

我很喜欢骑自行车出行，它使我的日常生活变得很方便。对我来说，骑车上学最方便。如果去校外，自行车也是我的首选，因为它不仅便宜，还能顺便运动，而且还很环保。由于经常骑车，我对北京这个城市越来越熟悉了。

为了创造更适宜骑行的道路环境，北京采取了不少措施。比如二环路上的自行车道加宽了1米，为骑自行车的人专门设置了左转绿灯，在全国首创了"自行车优先"标识，等等。这些措施都使得骑车出行更加

▼ 北京的自行车出行

方便、安全。北京还出台了《慢行系统规划（2020年—2035年）》，提出到2035年，将建成步行和自行车友好城市。

上世纪七八十年代，中国被称为"自行车王国"，无论是上班、上学，还是郊游、走亲访友，自行车都是中国人最常用的代步工具。在北京的自行车高峰期，有3条自行车道，将近一半的北京人骑车出行。90年代以后，中国经济飞速发展，汽车慢慢走进了成千上万中国人的家庭。尽管如此，中国的艺术家们还是有一些"自行车情结"。2001年，王小帅导演的电影《十七岁的单车》在第51届柏林国际电影节上首映，并获得评审团大奖银熊奖。这部电影向人们展示了在中国的首都北京，自行车不仅是一种交通工具，还曾是社会地位的象征，承载着年轻人的骄傲和梦想。

100个视角看中国

今天你"微"了吗?

阿兹图希格
Aztushig
蒙古

我是2014年到中国留学的,那时候微信刚刚成为"网红",而现在使用微信已经成为一种生活方式、一种如影随形的生活状态。

每一天,我们起床后的第一件事就是看微信,睡觉前的最后一件事也是看微信,我们通过微信学习、工作,在朋友圈里分享美食、旅行见闻和生活趣事。我们舍不得错过朋友圈的每一件新鲜事、每一个社会话题、每一碗"心灵鸡汤"。一会儿不看微信,我们就感觉自己被世界遗忘了;一天不打开微信,我们就感觉自己"out"(过时)了。我们就这样执着地跟微信相爱相守。

记得多年前的一个冬夜,我还在蒙古读高三。高中学习的艰苦和单调让我有些无所适从,我拿起手机想下载些东西,无意中看见了两个"小蝌蚪"标志的

WeChat（微信）。"这是什么东西？看起来挺有意思。"于是，我就下载了这个App。没想到，这个小小的应用竟然给我的生活带来了如此巨大的改变。我发现里边不仅有"附近的人"，还有"摇一摇"功能，就这样，我认识了很多中国朋友。我每天用英语跟他们聊天儿，浏览他们的朋友圈。虽然那时还看不懂中文，但我可以通过他们发送的图片进行"脑补"。我看着中国经济的蓬勃发展，看着中国社会的和谐团结，看着中国人民的安居乐业。慢慢地，我认识了简单的汉字，学会了简单的汉语，爱上了可爱的中国和中国人，因此我下决心来中国留学。

来中国的第二个年头，通过微信，我认识了更多的中国朋友和留学生朋友，我们在微信上互相学习、互相鼓励。如今，我已不再是那个只能看别人晒照片的"菜鸟"了，我自己也学会了发朋友圈，而且每天必"微"一下。"别问成绩，主要看气质！"你们觉得我今天的气质怎么样？我得回去发朋友圈啦，你们记得点赞哦！

在中国**看病**

& 莫妮卡
🌐 Monica Wairimu
📍 肯尼亚

在异国他乡生病，远离家人的关爱，可能是人生中最糟糕的经历之一。这既令人沮丧，又让人感到疲惫。然而，在医疗设施良好的国家可以缓解这种可怕的情况。

中国人口密集，人们肯定会在医院里排着长队，所以一想到要去医院我就开始担心了。但在中国第一次去医院看病的经历消除了我的不安和对医院的不良印象。从挂号到医生的检查和开药，服务非常高效。这让我觉得自己是一个一流的国际公民！门口有护士指引我到相应的诊室，电脑会自动叫号，所以与我所想的相反，我没有排很长的队，等很长的时间。那天早上离开家的时候，我的另一个担心是：说母语的外国病人和同样说母语的中国医生之间该如何交流？令人惊讶的是，语言并没有成为那天的障碍，善良成了一种通用语。中国的医生懂英语，而我也能用基本的中文表达。更方便的是，技术的进步使我们可以用翻译软件顺畅地沟通。

还有一次，当我得知一个朋友因传染病住院的消息时，心里咯噔了一下。我担心病房里会很拥挤，而且他作为一个外国人，不方便的地方就更多了。但去探望他之后，我松了一口气。即使我没法进病房，但透过窗户看到他灿烂的笑容时，我的恐惧也被驱散了。我很赞同医院设置

▼ 在中国看病

专门的传染病病房，把病人隔离在某个地方，既保护了他人，又让病人拥有宝贵的时间与疾病做斗争。医院里的环境很安静。这次经历给了我很大的希望，我认为，为特殊疾病设立专门病房是提高医院效率的有效途径。

在中国看病还有一个有趣的地方，那就是医生的治疗方式。一般医生诊断后会给你两种选择——西医或是中医。我个人觉得，西医注重的是消除症状，而中医注重的是身体对治疗的整体反应。有一次我去看病时，医生还向我解释了"药食同源"——很多我们平时吃的食物，在某种程度上也是药物。中药是根据病人的需要和反应量身定制的，每个人吃的药都不一样。当医生告诉你两种医疗方式的信息时，你可以自己做出选择。

当然，高质量的医疗也对应较高的价格，如果没有医疗保险，医疗费用也是笔不小的开支。所以我们要定期锻炼，均衡饮食，尽量保持身体健康。还有，去看医生不一定是为了治疗疾病，我们也要养成定期体检的习惯。最后，让我们向这些敬业的医生献上我们的敬意吧！

100个视角看中国

你的手机在中国没电了!

思言
Sandra C. Obiora
尼日利亚

你曾面对过希望越来越渺茫的时刻吗?在中国,当你手机的电量开始下降,你的生活质量也会开始下降。在成都,如果你问我带了多少现金,我的回答很可能是"没有";如果你问我上次用现金是什么时候,我的回答可能是"两年前左右"。听起来有点儿不可思议吧?但这是真的。随着中国继续朝着无现金社会的方向发展,对一般中国人来说,最大的问题不是如何购物或在哪里购物;对于外国人来说,问题不在于如何沟通、如何叫出租车、如何订餐。最关键的问题是:我的手机充好电了吗?我的电池电量能支撑到我回家吗?我有移动数据(流量)吗?如果这些问题的答案中有一个是否定的,那么你就必须重新规划自己的出行了。

让我们一起度过在中国的普通一天吧!假设你住在成都郊区,现在要去市中心的商务区办事。记住,成都是一个非常大的城市,让我们一起踏上这段想象中的旅程吧。你把目的地的中文地址复制粘贴到"地图"应用程序中,得知单程要花1小时15分钟,你决定乘公共汽车去最近的地铁站,再坐地铁去目的地。在你等车的时候,可以打开车在哪儿App来了解你的等待时间。上车时,扫描收款箱上方的二维码来支付车费。进地铁时,你需要通过成都地铁App生成的二维码扫码进站。在

▼ 你的手机在中国没电了!

漫长的地铁旅途中,你可以戴上耳机听听手机里的音乐,或者看一些有趣的小猫小狗视频来打发时间。地铁到站后,你需要再次扫描二维码来支付费用。如果你是第一次到这个目的地,那么你可以打开百度地图或高德地图 App,找到正确的出口。也许这时你口渴了,你去一家小店买水喝。收银员手里拿着扫描仪扫描商品,你打开微信或支付宝中与你的余额或银行卡绑定的付款二维码。收银员扫描二维码后,你会看到一个通知,显示你的账户已经扣款 2.50 元。然后你带着刚买的水继续你的旅程。

出了地铁站,你却搞不清该走哪条路,而你的中文也不是很好,于是,你打开百度翻译 App,输入问路的句子。你随便和一个中国人打招呼,然后把手机递给他们。他们看了中文翻译,看到了中文地址,就会给你指出正确的方向。你发现骑自行车去目的地比走路要快。你环顾四周,看到不同颜色的共享单车。你打开自己常用的共享单车 App,扫描车身二维码,骑自行车到达目的地。在目的地门口,你必须完成进入所有场所所需的健康检查,这是新冠肺炎疫情暴发后的新规定,包括扫描健康码,出示行程卡,显示你最近没去过中高风险区等。到达目的地时,已经是中午了,你想吃个三明治,于是打开美团或饿了么 App,点

了咖啡、奶茶和三明治，看到系统显示会在一小时内送到你在的办公楼。你在那里新认识了一个朋友，双方互加微信，这需要扫描他们的微信二维码。成为微信好友后，你就可以看到他们的朋友圈了，这有点儿像Facebook（脸书）上的信息。与朋友分开后，你可以按你来时的方式回家，但如果赶时间，可以叫一辆网约车而不再乘公共交通工具。于是，你打开英文版的约车软件，确保你的位置定位准确，然后写上你家的地址。很快会有司机接单，并发短信告诉你他已经在路上了。虽然他们输入的是中文，但应用程序会自动翻译成英文。你用英语回答，他们看到的是中文。

打车回家后，你想做一顿晚饭，但你没有食材。于是你打开购物小程序"京东到家"，找到一家离你很近的商店，挑选需要的食材，付款后一个小时内就会送达。

有没有发现你一天中都没用到现金？一些留学生出门逛街或办事，但他们的手机在半路上就没电了，于是他们不知道该走哪个方向，该上哪路公交车，该坐哪条地铁线，该从哪个出口出站。他们买不了喝的，也买不了吃的。他们突然身无分文。他们此时就想起了学习汉语的必要性。他们通常只有在好心的陌生人的帮助下才能回家。他们后来一定会一遍又一遍地说着"我的手机在中国没电了"的故事。

我看中国传统文化

100 个视角看中国

茶文化是如何让我留在中国的

李云起
Keaghan Strang
加拿大

生长在加拿大这样一个历史文化背景比较复杂的国家,你班上的同学可能每个人的国籍都不同——英格兰、苏格兰、爱尔兰、德国、法国、意大利、波兰……在学校里,我主要学习加拿大的历史和传统;在家里,由于我爸爸是历史专业的,我从爸爸妈妈那里了解了很多国家的历史和文化,这让我对自己的文化起源和世界各地的其他文化特别感兴趣。

因为想了解世界各地不同的文化,所以我很自然地就有了来中国学习的想法。虽然我在加拿大时也经常搬家,比较习惯环境的变化,但第一次来中国时,远离家乡和亲人的生活比我想象的要困难得多。我与周围的人缺乏日常的交流,我生活在一种对我来说完全陌生的文化中。我开始的计划是在中国待几个月后就离开,回加拿大继续学我的化学专业。但是在产生这个念头后不久,一个冬天的下午,我走进了北京五道营胡同的一个小茶室。以前逛胡同的时候曾经好几次路过这家茶馆,直到那天才决定进去看看。看了几分钟,一位工作人员——后来成了我的好朋友——邀请我坐下来喝茶。正是在这里,我改变了自己要离开中国的想法。

在接下来的几个月里,我经常去这个茶室,不仅仅是为了喝茶,也是为了有机会在一个舒适的环境、在一个我不会因为说错话而感到尴尬

▼ 茶文化是如何让我留在中国的

的地方练习说中文。随着中文水平的不断提高，我也很自然地了解了中国茶文化。我从零开始，了解中国茶叶的种类、中国茶具的材质，以及什么样的茶具适合泡什么样的茶。特别令我惊喜的是，第二年春天，我所在的北京语言大学的学校书店里也开了一间大茶室。

自从有了学校书店的茶室以后，茶就成了我日常生活的一部分。在茶室，我不仅懂得了用优质的茶具和泉水泡茶的重要性，而且还学会了耐心和技巧，最重要的是明白了泡茶也能反映一个人的内心感受。同样的茶叶，即使用同样的茶具、同样的水、同样的技法，也仍然会因为泡茶者的态度不同而泡出不同口味的茶。当然，同样的茶叶，用不同的水和茶具冲泡，味道肯定也会大不相同。"水为茶之母，器为茶之父"，这是中国的一句俗语，说明了水和茶具对泡茶的重要性。虽然我们西方人也喝茶，但中国茶的制作、中国的茶道、中国的茶具背后却包含着博大精深的文化。

对我来说，泡茶和品茶的过程自然是很轻松的，它不仅让我摆脱了生活在现代快节奏社会中的日常琐碎，而且让我更多地了解了中国文化。中国的茶文化还让我明白，日常生活中很多事情看似平凡，但其实蕴含着丰富的文化和道理。我现在对中国茶的了解还只是皮毛，但是我会不断学习，把中国茶文化传播到更多的地方。

西湖山村和龙井茶

☐ 塔莎
🌐 Natasa P. Vujicic
📍 塞尔维亚

来中国之前,我从未去过茶园。当然,我在塞尔维亚见过洋甘菊、薄荷等用来泡茶的植物,但除此之外,我对茶叶一无所知。说到绿茶,我只知道人们认为它有益于健康,不过我不喜欢它的味道。有一年的十二月,在一个天寒地冻的日子里,在杭州生活的我第一次开车驶过西湖区的茶山,从此一切都不一样了。

那个特殊日子里的特殊经历实际上源于一场停电。待在公寓变得异常寒冷,于是我开车带一岁的女儿去兜风。我们沿着之江路走,目的地是宋城。周围的风景很美,路边的树光秃秃的,枝干深得近乎发黑,绛色、紫色、黄色的落叶铺满路面。道路弯弯曲曲,每拐一个弯就能看到茶山、清泉、瀑布,美得让人窒息。一路不见人迹,太阳隐在云后,天色越来越暗,我几乎要以为自己误入风景如画的禁区,扰乱了这里的静谧。但我还是继续前行,原因有两个,一是我很享受这段旅程,二是我不知道如何掉头回去。

所以我一路向前,最后,机动车道到了尽头,前方变为泥路。我停下车,琢磨着是冒险向前还是尝试掉头。这时,一位老人敲了敲驾驶座车窗,指了指那条泥路,示意我继续前行。没想到,开着开着,我上山了。

西湖山村和龙井茶

最终我置身于一片山村之中！狭窄的山路两侧立着一两层的白墙房屋，层层叠叠、错落有致地向远处延伸开去。我驶过一间间木门遮掩的茶叶铺，路过一家家带露台的家庭餐馆。山路又弯又陡，却让人体验到驾驶的快感。接着，我向右转，驶入满觉陇路，沿途又是一座美丽的茶村。这下我才终于过足了瘾，慢慢地启程回家。

如果你时间充裕，大可在此处留宿。安逸的午后，在露台共品用泉水泡的龙井；晚餐时间，下楼到村里觅食，回程途中与当地人闲聊；睡前喝杯葡萄酒，安享一夜好眠；第二天早上，享用酒店提供的传统早餐——白米粥、一小块豆腐乳、一个茶叶蛋和一块枣糕；之后，到村子里散散步，喝喝茶，参观参观岩洞。待归家之际，你会觉得整个人焕然一新。

每一个村庄都美得令人心醉。桂花飘香的季节，一定要到满觉陇村看看。对茶有兴趣的则不要错过以茶闻名的梅家坞村和龙井村。

龙井村以盛产龙井茶而闻名。龙井茶是中国的传统名茶，西湖龙井以茶叶细嫩著称，从田间采集的茶叶会被送入专门的铁锅进行炒制。炒茶师不戴手套，用手感受锅温，待温度达到200度左右时，便倒入茶叶，在炙热的铁锅中用手翻来覆去地炒。炒茶师的手也因此会被烫得发黑、起泡、蜕皮。

要成为一名合格的炒茶师，没有十年八年的时间是学不成的。

品茶时，要"咻"地一声吸入茶汤，待茶汤在口腔里与空气充分接触后，再慢慢送入喉中。然后，静待一两分钟，茶香便会抵达五脏六腑，滋味甘甜，唇齿留香。这便是杭州人最爱的龙井茶。小小的一片茶叶，背后凝聚了辛苦的劳作、悠久的传统和浸润到人们骨子里的优雅。

我与中国茶的缘分

👤 斯蒂芬
🌐 Amani Stephen Milinga
📍 坦桑尼亚

我与中国茶结缘要从2017年说起，当时我在福建的漳州科技学院学习。在那里，我有很好的机会体验和学习中国茶文化，并从此成了一名中国茶爱好者。在中国，我品尝过不同种类的茶——红茶、白茶、黄茶、黑茶、乌龙茶和绿茶，每种茶都让我很感兴趣。福建有许多茶园，是茶的主产区之一。我在福建旅行时还参加过很多有趣的茶会，也喝过正宗的工夫茶。

茶在中国人的生活和文化中扮演着非常重要的角色。比如在婚礼上，茶叶作为礼物被称为"茶礼"，这种文化从古代一直流传到现在，特别是在中国西南地区。这是因为茶被认为是最纯洁的东西，象征着男女之间纯洁的爱情。在中国，茶艺老师给我们倒茶时，只倒大半杯，我的朋友问为什么，茶艺师说，倒茶只能七分满，留下三分是人情，做人做事也是如此,要留有余地。原来在中国,喝茶还蕴含着人生的道理呢!

我第一次接触工夫茶也是在漳州。工夫茶一般主客四人,主人亲自操作。斟茶时,四个茶杯围在一起,主人在四个杯子之间来回倒茶,直到每杯都是七分满。最后,主人将茶双手捧给客人,这是一种对客人和朋友表示尊重的方式。喝工夫茶时,人们对茶的每个方面都怀有一种崇敬之情:茶的气味、茶的外观,以及喝茶时的口感层次。在中国的茶馆喝茶有助于广交朋友,这也是我学习和社交生活中不可或缺的一部分。

到北京后,我发现和福建、成都相比,北京的茶馆要少得多。有句话说:"天下茶馆数中国,中国茶馆数四川。"我喜欢在日常生活中看到人们无论走到哪里都带着茶具。其实在中国泡茶很方便,因为几乎所有地方都提供热水——教室、办公室、购物中心,甚至高铁上。这与我的祖国坦桑尼亚截然相反,在那里,茶很少出现在日常生活中。在北京的茶馆里,你可以喝到大碗茶,这种方式比较粗犷,与福建工夫茶的小巧精致完全不同。

除了蕴含丰富的文化,茶还是世界上最有营养的饮料之一:茶中含有多种维生素和矿物质,能提高人体的免疫力;茶可以帮助消化;茶还能使人更活跃,因为茶中的咖啡因可以刺激中枢神经系统……中国茶让我有宾至如归的感觉,有茶的地方就是我的家。

我的茶艺课

& 林可儿
🌐 Bongkorn Janthongoon
📍 泰国

"九日山僧院,东篱菊也黄。俗人多泛酒,谁解助茶香。"这是唐代僧人皎然与茶圣陆羽喝茶后写下的一首诗。从诗中可以知道,茶历来代表的是一种高雅的生活,只有少数人才能够理解茶香的美妙。

中国是茶的故乡,有着历史悠久的茶文化。传说四千年前中国人就开始喝茶,还把茶叶当成药来用。

到中国之后我才发现,茶是中国人最喜欢的饮料,不仅中老年人爱喝,大多数年轻人也爱喝。他们各有各的保温杯,里面装着自己喜欢的茶。中国的茶有很多种,按照制作方法的不同主要可以分为绿茶、红茶、白茶、黄茶、黑茶、乌龙茶几大类,此外还有花茶、花草茶等。作为一名留学生,我对中国文化的很多方面都抱有兴趣,特别是中国茶。

我们学院的活动丰富多彩,每年都会开设多门选修课,比如中国功夫、书法、国画、剪纸、茶艺、太极拳等。大二时,我跟几个朋友一起选修了"中华才艺——茶道"这门课。在课堂上,老师不但介绍了很多有关茶的知识,还让我们品尝了各种各样的茶,品尝后让每个人说出它们口味的差异和自己最喜欢的茶。我最喜欢的要数普洱茶了。

最后一次课时,老师要求每个人根据茶道的流程泡茶。茶道的每一步都有它的规范和意义,主要包括:

第一步:净手、欣赏茶具;

第二步:烫杯、温壶,给茶具预热,好让茶更快地入味;

第三步:马龙入宫,把茶叶放到茶壶里,用一些表演的手法,可以显得有茶韵;

第四步:洗茶,目的是把茶叶表面不干净的物质去掉;

第五步:冲泡,让茶叶在水中翻动,让客人欣赏茶叶优雅的姿态;

第六步:春风拂面,水要高出壶口,用壶盖拂去浮在上面的茶叶;

第七步:封壶,这是为了保存茶的香气;

第八步:分杯,这是准备喝茶的步骤;

第九步:玉液回壶,将壶中茶水倒入公道杯,让每位客人品尝到色、香、味一致的茶;

第十步:分壶,将茶倒入每个客人的闻香杯,为了不让客人烫手,所以"茶倒七分满";

第十一步:奉茶,这是主人对客人的礼仪;

第十二步:闻茶,客人要拿起杯子感受茶的香气;

第十三步:品茗,这时就可以喝茶了!但是不能一饮而尽,应该分三口慢饮。

我们每个同学都一心一意地泡茶,通过自己的坚持和努力,最终通过了考试,拿到了茶艺师证书。

中国茶在泰国也是家喻户晓的,回国时我总会带一些中国茶,作为礼物送给爸爸妈妈和亲戚。中国茶不仅好喝,而且茶叶中含有多种有益成分,具有保健的功效。当然,不同种类的茶,功效也是不同的,对人体的影响也不同。我还要继续学习,让自己成为一个中国茶的"外国专家"!

二十四节气

安娜
Anna Kijaniza
德国

中国中央电视台科教频道（CCTV-10）曾邀请5名北京语言大学的留学生参与拍摄春分纪录片。能参与这次活动我感到很幸运。不过有点儿讽刺的是，当时我们当中没有人知道"春分"到底是什么。通过那次活动我们才知道，根据中国古代的传统，一年被分为二十四个节气，每个节气都有自己的名字、特点，甚至还有专门的民俗活动。

在中国古代，人们非常重视气候变化，二十四节气广泛地应用于农业生产。比如，大暑标志着一年中最热的时期，霜降预示气温骤降。在拍摄过程中，我们知道了春分是二十四节气中的第四个节气，此时昼夜平分。在古代，春分期间皇帝会举行盛大的祭祀仪式，并伴有各种表演。随

着时间的推移,皇帝消失了,传统的仪式也消失了。但为了保持这一传统,人们又发展出了许多新的习俗。

现在流行的春分习俗是和家人一起玩"立蛋"(把鸡蛋竖立在桌子上),和孩子们一起放风筝,吃一些有特色的春季美食,用天然材料制作工艺品。由于城市化的快速发展,二十四节气与农业的联系在一定程度上有所减弱,但幸运的是,二十四节气作为中国独特的历史遗产仍然保留了下来。我们在中央电视台拍摄的纪录片就是一个很好的证明。

特别的端午节

沈薇利
Sim Wui Lee
马来西亚

在中国众多的节日当中，最令我感到好奇的就属端午节了。从字面上来看，它和"清明"或"春节""中秋"这些以节气或时节来命名的传统节日有些不同，因为它和时间有关。那五月初五这一天究竟为什么如此重要呢？这是我百思不得其解的问题。

另外，"端午节快乐"也是我听过的最奇怪的一句祝福语。我对端午节的认知是，这是纪念屈原的日子，既然是"纪念日"，又怎么能"快乐"呢？于是，每到端午节那一天，我都会发一句"端午吉祥"给身边的朋友，希望大家在这个日子里能平安吉祥。在中国留学几年后，我发现身边许多朋友的祝福语也开始从"端午节快乐"改成"端午健康""端午平安"了。

还记得我在清华大学读大一的第二个学期，那是我人生中第一次在中

▼ 特别的端午节

国过端午节，心里总是惦记着马来西亚那满是香菇、花生、肉碎、芋泥和栗子的肉粽子。正当我心心念念地想着家乡的肉粽子时，得知学校的紫荆食堂已经开始出售端午节粽子了。于是我飞奔到食堂，看见眼前1.50元人民币一个的大粽子，二话不说，马上刷了学生卡，再买一碗豆浆，找了个空位坐下。往常在家总是嫌弃剥粽叶会让双手油腻的我，此时此刻边打开粽叶，心里边乐开了花。随即一大口咬了下去，心里马上出现一个疑惑：怎么甜甜的？接着再咬一大口：怎么还是只有糯米，馅儿呢？于是我不死心地咬了第三口，出现的竟然是一颗红枣！我索性用手将粽子掰开，只见一整个大粽子里除了那一颗红枣，什么也没有！我的心瞬间凉了下来。

同学见状便告诉我，中国南北方粽子的馅料有所不同，北方吃甜粽，南方吃咸粽。同学还说，他老家原先在端午节当天的正午时分，会打出井水保存备用。"端午"的意思是"中正"，这天的午时被认为是"正中之正"，所以据说端午节这天打出的"午时水"有辟邪和强身的作用，而且泡茶酿酒也特别香醇。现在他们家没有水井了，但是依然会放一大桶水到院子里，等正午的阳光照射之后再保存起来。后来，大学三年级的我到中国台湾当交换学生时发现，台湾当地也有保存"午时水"的传统。我想，这或许就是"端午节"与其他节日不同，以时间来命名的原因吧。

手里拿起筷子，心里放下芥蒂

沈薇利
Sim Wui Lee
马来西亚

马来西亚的筷子分成两种，一种与中国"上方下圆"的筷子相似，另一种则与韩国圆筒似的筷子相同。马来西亚华裔在结婚时，总会放置一堆筷子在新人的新房里，寓意"快子"，即"快速得子（早生贵子）"。

但平时筷子在马来西亚仅仅作为吃饭的餐具之一，常常与勺子、叉子放在一起，年轻一辈更倾向于使用后者。这被视为"华人传统文化"的筷子，向来不被重视，更别说受到提倡了。我自己也是如此，在有选择的情况下，我一定不会用筷子吃饭。这主要是因为我握筷子的姿势不正确，加上手指又短又粗，配上一双长长的筷子，一顿饭下来，简直就要废了我的手指头，每用一次都是手指的一场灾难。

后来我到北京留学，有一天，朋友邀请我到她家用餐。看着桌上排列整齐的筷子，我不禁心疼起即将"受刑"的手指头。但万万没想到的是，朋友的父亲看出了我的心思，给我递来了一双又小又短的筷子，说是小孩使用的，这才免去了一场"酷刑"。

▼ 手里拿起筷子，心里放下芥蒂

饭桌上，我们依照长幼顺序轮番夹菜，然后准备饕餮一顿。刚要吃饭的时候，朋友的父亲清了清嗓子，问我是否知道筷子背后的含义。我告诉他"快速得子"的谐音，还有中国人把杠杆原理运用在筷子上的智慧。

朋友的父亲笑了笑说："民以食为天。这老祖宗的智慧啊，没有过多的嘱咐，却让炎黄子孙每吃一顿饭都能想起做人的道理。筷子圆头方尾，教人执方行圆，也就是说，虽然不凌驾于法律和规矩之上，但处事却要圆融。有原则和底线，却不会得理不饶人，这理性和感性不就都周全了吗？"

正当我被他这一番话震撼之际，他继续说道："孰对孰错，谁是谁非，每一个人活在世间都不容易，看清了每一场争执和冲突的背后，都是因为利益受损而奋起捍卫的缘故，那就更不忍在这不易的生活中，让他人苦上加苦了。一个家有好几个性格不同的人共同生活，矛盾分歧总少不了，平时还各忙各的，唯一能联络感情的时间，就是一同围着这饭桌的时候。每一口送到嘴里的饭菜都是筷子夹起来的，手里拿起筷子，心里就要放下芥蒂，这样一家人才能和和气气。"

如今，"手里拿起筷子，心里放下芥蒂"这句话，我依然铭记于心。

我眼中的旗袍

 黎氏玄清
 Le Thi Huyen Thanh
 越南

我是个服装迷,研究并设计衣服可以说是我最大的爱好,而各个国家的传统服装更是让我十分着迷。还记得小时候,每次看中国电影,我常常感到疑惑:"为什么中国人也穿我们越南的奥黛?"后来长大了,我才知道电影中那种漂亮衣服叫旗袍。

每个国家都有自己的传统服装,越南奥黛妩媚动人,中国旗袍古典高雅。记忆中,我是在大一的时候才第一次见到生活中的中国人穿旗袍。那天,一位端庄美丽的老太太来我家的裁缝店买奥黛,我问她为何买越南的传统衣服,她不假思索地回答:"旗袍和奥黛很像,我喜欢旗袍,所以对奥黛也很着迷。"听完她的话,小时候那个疑惑再次涌上我

▼ 我眼中的旗袍

的心头:"旗袍和奥黛真的一样吗?"从此,我开始研究旗袍和奥黛各自的特点。

在我眼中,女人味是一种风情。特别是穿着绸、丝或锦等材质的旗袍,裸露美丽的小腿,发髻高挽,风姿绰约的上海女人,一定会令所有男士感到震撼。她们的形象已成为经典的画面。除了风韵,我想旗袍给人的另一种更深刻的感觉,应该是克制。这体现在穿上旗袍后举手投足间的姿态。穿着合身的旗袍,必须坐得正、走得直,身材也需要恰到好处,曲线分明,不胖不瘦。所以,穿上旗袍的女子一定是自信而美丽的。

从这个角度去看越南奥黛,就会发现两者的不同。奥黛由长衫和长裤两部分组成。长衫的上半段酷似中国的旗袍,胸部勒紧,腰两侧收紧;长衫从腰部开叉,分成前后两片裙摆,长及脚踝,走路时裙摆随风而动,显得婀娜多姿;里面配一条白色或是同样花色的阔脚长裤,不仅把女性娇小的身材衬托得灵动活泼,而且行走坐卧时也很方便。

初看两种服饰,很多人会认为奥黛和旗袍差不多。我想,虽然越南奥黛与中国旗袍有同有异,但都有着各自悠久的历史和独特的美丽。

100个视角看中国

中国的红包

刘佩丝
Luu Boi To
越南

在中国学习这些年,我也体验了好几回中国人春节时发红包的习俗。不仅孩子们可以收到长辈带着美好祝愿的红包,而且中老年人也可以收到儿女辈、孙辈祝福他们长寿的红包。

传统意义上的红包也叫"压岁钱",最早出现在汉代,是过春节时长辈给孩子的用红纸包裹的钱。传说古时候有一种小妖,名字叫"祟",每年除夕会出来伤害熟睡的孩子,而把裹着硬币的红纸放在孩子的枕头下可以把"祟"吓退,所以人们把这钱叫作"压祟钱"。因为"祟"与"岁"同音,后来就称为"压岁钱"了。过去发红包可以在除夕夜团圆饭之后,也可以等孩子们睡熟时,父母偷偷把红包塞在他们枕头下面。但现在,人们通常吃完饭后就发,孩子们收到红包后也会说一些感谢长辈的吉利话。

为什么用"红包"这个名字呢?因为红色是中国人很喜爱的颜色,它象征着好运、成功和幸福。所以红包从"压岁"普及为一种习俗,每逢结婚、生孩子、过生日、开工、搬新家时,大家都会发红包、送红包。红包意味着好运,红包的意义并不取决于里面钱的多少,更重要的是其中的善意和祝福。我在中国收到的第一个红包是6元,朋友告诉我,"6"代表一切顺利。如果是"8",那就代表"发财","9"则代表"长久"。这些数字也可以连用,比如"666""888""999"。还有各种组合,比如"168"代表"一路发"等。当你收到这样的数字祝福时,真是一种美妙的体验。

几年前我去中国广州旅行时,还有一个有趣的发现,那就是广东人把红包叫作"利事"或"利是"。广东人的"利事"一般钱不多,但大家看重的是其中"大吉大利、好运连连"的寓意。除了长辈给年轻一代发红包,已婚人士也会给单身人士发。假如妹妹比哥哥先结婚,妹妹过年时就会给哥哥"派利事"。此外,在春节假期后上班的第一天,公司还会给员工"派利事",希望一年有一个好的开始。

随着互联网的发展,微信、支付宝等平台纷纷推出了电子红包,中国人又流行起用手机抢红包的新习俗了。红包的意义没有改变,但技术的发展让发红包变得更方便、更容易。除夕之夜,一边看春晚一边在手机上抢红包,给节日增添了更多的乐趣。

我喜欢龙泉青瓷

李云起
Keaghan Strang
加拿大

说起中国文化，很多外国人首先想到的可能是"china"——中国瓷器。中国瓷器举世闻名，但大多数人的印象只是青花瓷，很少有人知道中国陶瓷背后的文化是多么博大精深，它与中国的其他文化有着多么密切的联系。回到加拿大，如果我在街上问别人"青瓷"是什么，他们很可能一无所知。就连我参观过的瑞典哥德堡的一家博物馆，也没能准确地注明龙泉青瓷的产地。如果博物馆不能做到这一点，那么显然是缺乏对文化的尊重和理解。

对许多人，甚至是中国人来说，龙泉青瓷可能不像宋朝的汝窑瓷或明清时期流行的青花瓷那样大名鼎鼎。这与时代的变迁有关，与瓷器本身的品质无关。青瓷以青绿色釉为主要特征，到明代仍有大量生产。将青瓷推向巅峰的是宋代的浙江龙泉青瓷。宋代可以说是中国古代文化最繁荣的朝代之一，也是中国瓷器的鼎盛时期。时至今日，大多数龙泉陶工都还要参考珍贵的宋代青瓷。

优质的龙泉青瓷朴实无华，体现了"绚烂之极，复归平淡"的宋代审美。然而，看似简单的青瓷却需要经过复杂的工艺技术才能制成：有着特定要求的黏土，含有多种化学成分的混合釉料，为了达到特定的效果而控制和改变窑炉温度的秘密技术……每一件瓷器都与众不同，都有

▼ 我喜欢龙泉青瓷

独特的纹片。如今的龙泉青瓷虽已不如宋朝时辉煌,但仍产生了不少优秀作品。

真正吸引我眼球的是那些所谓"不完美"的青瓷作品,现在它们已经因为自身的独特性而受到收藏家的普遍重视。一点点的温度变化或配方的改动都可能导致窑变,产生不同的釉色和开片,而且是人力不可控制的,这也是我最喜欢的青瓷的特点之一。龙泉瓷器中的哥窑更吸引人的是,这种瓷器越用越漂亮,茶水的颜色慢慢渗入瓷器的裂缝,就会留下所谓的"茶纹"。可惜的是,这种特质不一定会受到所有人的喜爱。

我的一个热爱青瓷的好朋友说,他的目标是既要研究中国陶瓷的历史以及古代的优秀作品,同时也要努力从现代的角度解读当时的文化和审美追求。他不仅希望学习和继承前辈工匠的技艺,创造出具有古典风味的作品,更希望为这一美丽的艺术贡献自己的创造力,形成新的风格。我也希望有越来越多的人认识到龙泉青瓷的美丽。

中医的智慧

沈薇利
Sim Wui Lee
马来西亚

在北京上学的那段时间，除了自身的专业领域之外，最让我感兴趣的就是中医这门学科了。这是在医疗技术还不发达时，中国古人凭借着

自己的研究留下的智慧。尤其是电视剧里，皇宫的御医隔着屏风，用一根红线就能替贵妃们把脉，更是令我倍感好奇。

记得第一次踏入北京王府井的同仁堂，大夫帮我进行腿部艾灸时，我问了一连串的问题，比如：中医怎么把出喜脉？中医真的能够施针点穴让人不能活动吗？……大夫告诉我说，把脉时，如果手腕那儿呈现出珠子滑动或滚动的脉象，那就是怀孕的喜脉了。他们还能够通过脉象的强弱来判断婴儿的健康状况。接着，大夫在我的膝盖上扎了几针，说："既然你问了，我就顺便扎了，你看看现在是不是动不了了？"我尝试移动双脚，迎来的却是酸酸麻麻和痛彻心扉的感觉。果然，因为中医熟悉人体的构造和经络的窍门，区区几针就能让我的双脚不听使唤了。

后来,我因膝盖疼痛和经期紊乱的问题,在朋友的推荐下去看中医。那位中医在替我针灸的过程中,还给我讲述了许多人生的道理。也正是从那一天起,我才意识到人的身心状态是相互影响的。

大夫说:"我从每个人的健康状况和脉象中,能够推测出这个人的性格。每个人出于不同的性格,会周而复始地进行某些特定的动作,这就会造成某个部位的肌肉紧绷或拉伤,或某个器官的损耗。就拿一个性格阴郁和一个性格开朗的人相比,前者脾的损伤度会相对较大。所谓的气血不通,是因为人们对某方面比较执着,日积月累后造成了固化或损伤。所以,别以为把自己的起居饮食照料好了,就无病无痛了。别忘了,人作为感情动物,我们的情绪和心理也是需要关注的。"

大夫还说我在情感上比较内敛,遇到难过的事情也不懂得诉说,但所幸性格十分开朗大方,因此没有造成其他器官的损伤。在他开给我的药方上,写的并不是什么中草药,而是"难过的时候,哭吧!"

拿着这张特别的处方,我意识到了人的身体和心灵是不可分割的。"自在",说的是我们能接受一切发生的事情,该哭就哭,该笑就笑。中医从病理学角度再一次向我证明了中国古人的智慧——道法自然,随遇而安。

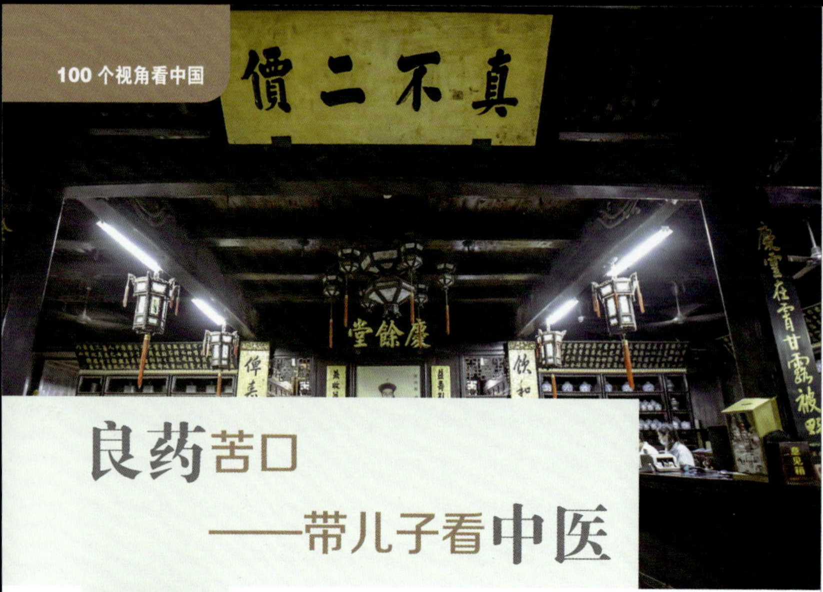

良药苦口
——带儿子看中医

塔莎
Natasa P. Vujicic
塞尔维亚

在杭州的南宋御街有一个胡庆余堂名医馆。初见时我们并不知道这是家诊所,更想不到日后我们会对它有多熟悉了。我们触目能及的只有高大而庄严的大门,左右两侧和上方均有牌匾,看上去颇有几分圣地的庄严气息。即便如此,我们还是没管住腿。甫一进门,我们就看到室内陈列着各种蘑菇、植物和小动物——这些都是传统中医的入药之物。我们好像步入了炼金术士的实验室,感到有股威压笼罩了下来,要追究我们的擅闯之举。我们只是悄声耳语,不敢弄出更大的动静,毕竟光是能站在这里观赏这些神奇的物什,就无比幸运了。我们还隐隐抱着会被人赶出去的想法,但大家似乎都在忙活自己的事,不是压根儿没注意到我们,就是匆匆绕开我们,去完成自己的工作。那些身穿白大褂称量药材的女医师似乎也对我们视若无睹。我们不敢得寸进尺,决定悄悄拍几张照片,然后"溜之大吉"。

"擅闯医馆"事件过去几个月后,经过长久的物色,我们终于为儿子找到了一位德语家教。这位家教当时还是一名中医学生,就在我们"擅

良药苦口——带儿子看中医

闯"的那家中医诊所工作。与他相识的契机，长话短说，就是为了给儿子看哮喘，我预约了一家中医诊所，正好是他工作的那家。

对有些人来说，看中医是再普通不过的事了，于我们而言却是奇特的经历。诊室里等着十来个人，终于轮到我们时，儿子在医生对面的椅子上坐下，医生只检查了他的手腕和舌头，然后就结束了。这之后，医生又看了五六个病人，照样看了看手腕和舌头，并给了些意见。我儿子的舌头似乎引发了一些讨论，当这场开始得有点儿突然的讨论戛然而止时，我们终于准备好听取医生的诊断意见了。不过那位医生只给我们开了些草药汤剂，说我们可以自己煮，也可以让诊所的药房煎好后寄给我们，不过那样要等一两天。我们选择了后者。收到药时，我儿子只喝了一口，就把晚餐都吐了个干净。那药实在苦得令人难以下咽。不过他终究还是习惯了，吃了一个月的药后，他的哮喘痊愈了。后来在中国的日子里，他再没有患过支气管炎，连重感冒也没有得过。我们放在学校医务室的哮喘吸入器总是放到过期，又换新的，却一直没有开封。治愈儿子哮喘的可能是中药的功效，也可能是对再次喝中药的恐惧，总之在中医的治疗下，他又恢复了健康。

外在光彩迷人，内里井井有条，这既是杭州中医诊所的特质，也是杭州的特质。

太极拳
教会我的道理

颜毅晟
Gan Yu Sheng
马来西亚

作为道家最基本的哲学概念,"太极"是我们在接触中国传统文化时常常会遇到的一个词。说起太极,很多人首先想到的可能就是由一黑一白两条"阴阳鱼"组成的太极图。虽然对太极有很多不同的解释,但基本都把它作为形而上的哲学概念。对于不太了解中国哲学的人来说,即便知道了这些解释,知道道家用太极来表示宇宙的本原,却也不一定能理解太极背后所蕴含的哲理。

中国人常说"读万卷书,行万里路",为了能更好地理解"太极"这个重要的哲学概念,我开始了在中国学习太极拳的旅程。在大学里,我非常幸运地遇到了我的太极拳老师,老师的言传身教让我获益良多。

与哲学形而上的解释不同,太极拳以实际的形体动作为主,以传统武术拳理为辅,两相结合来阐释太极的道理。通过学习太极拳,我对"太极"有了更深入的理解。比如太极的"阴阳"概念,在太极拳理中的解释为"阴阳互为其根",即阴与阳互为对方存在的条件,这体现了矛盾的对立统一规律。太极拳的动作包含着相互对立的表现形式,比如上下、左右、快慢、进退、刚柔等。矛盾双方互为彼此存在的条件,同时在运动的过程中还不停地相互转换。正如太极图中的"阴阳鱼",白鱼中有一个黑眼睛,黑鱼中有一个白眼睛,既相互对立,又相互依存,而且时时都在转动,生生不息。

以太极拳常见的起始动作为例。做这个动作时,双手往前伸,由左前方缓缓向右方移动;身体则以核心为中心,两脚开立;双脚先是由右后方施力,然后缓缓向前、向左上方调整。这个看似简单的动作,其实是一个螺旋运动,也叫"随遇平衡"。这个力的运动轨迹,从俯视的角度来看,恰好仿佛一个太极图。手和脚分别代表着阴和阳,两者在运动中相互对立,又互相转换。这种"阴阳互为其根"的拳理贯穿于整套太极拳法中。它不仅符合我们人体的骨骼结构,更是印证了"太极"所蕴含的哲理。

通过太极拳,我还学到了"刚即是柔,柔即是刚"的道理。在生活中,我们也需要刚柔并济,尤其是在待人处事方面。比如老师不能一味地强迫学生学习,有时适当地给予温柔的鼓励,也许更能让学生努力奋进,取得好成绩,达到事半功倍的效果。当我在小学当实习老师时,刚柔并济的道理给了我很大的帮助,让我更好地拉近了与学生们的距离。

太极,作为一个哲学范畴,它是形而上的,然而它却始终在这天地之间流转,无处不在。从时间的维度来看,太极无始无终;从空间的维度来看,太极则无所不在。因为这天地万物全都蕴含着太极深刻的哲理——一阴一阳之谓道。正是通过学习太极拳,我才领悟了这么多道理!

我看中国风景

中国那么大，我想去看看

  张德贵
  Rizal Chandra
  印度尼西亚

来中国之前，我每天都会收看央视国际频道《远方的家》节目。这个节目让我意识到中国是个历史悠久、风景优美、文化灿烂的国家。我在心里默默许愿：有一天我一定要亲自走遍中国，去感受祖籍国的魅力。由于中国的高铁网已经非常发达，所以在中国国内旅行是非常方便的。在中国的5年里，我已经走过中国25个省份的56座城市。我对中国历史特别感兴趣，所以一般都会选择去一些跟历史有关系的城市。

作为有着五千多年历史的文明古国，中国几乎所有的城市都有着它们自己的历史。从北京的故宫、西安的兵马俑到山西的平遥古城和云冈石窟，再到南京的明孝陵、苏州的拙政园，都是非常著名的古迹。这些地方不但美，而且每个角落都有自己的故事。每到一个地方，我都会听听导游的讲解，学习新的知识。

我对中国的革命史也非常感兴趣，因此我格外喜欢红色旅游。印象最深的是，我在湖南时去了毛主席以前上学的地方——湖南第一师范学

▼ 中国那么大，我想去看看

院，还去了他的故乡——韶山，这也是我这一生最想去的地方之一。当我参观毛主席故居的时候，我很激动，也很感慨。可以想象当年的生活条件很不好，但出于卓越的能力，毛主席最终带领中国人民打败了日本帝国主义，解放了全中国，建立了伟大的新中国！毛主席是中华民族的骄傲，是我心目中的伟人！此外，我也去过天津的周恩来邓颖超纪念馆。在这里了解了周总理光辉的一生，从他身上学到了为国家鞠躬尽瘁、死而后已的奉献精神。每次到红色景区，我都会有一种说不出来的激动，也总是受益匪浅，尤其是精神层面上。

中国不仅历史悠久，风景更是美不胜收。从北部的呼伦贝尔大草原到南部的云南香格里拉，从东部的青岛到西部的西藏羊卓雍措，每一个地方都让我陶醉。中国就是这样神奇，想看什么就有什么，想看草原就去内蒙古，想看大海就去青岛、三亚，想看雪山就去西藏……

除了欣赏名胜古迹和美景外，我还对中国的少数民族非常感兴趣。我在云南大理跟当地的白族人过火把节；我到贵州苗寨做客，喝了当地苗族人自己酿的酒，感受到了他们的热情；在西藏拉萨，我去了当地最古老的茶馆，体验到了藏族人民的茶文化；在内蒙古，我住进了蒙古包……

读万卷书，不如行万里路，在旅游中学到的这些知识是课堂上学不到的。中国太大了，56座城市对我来说并不多，我希望以后还能继续游遍全中国。在中国旅游，并不只是到某个地方去看看风景、拍拍照而已，我们更要慢慢体会这些地方所隐藏的意义，学习当地的民俗文化，这样你才能认识到中国是个非常棒的国家！

100个视角看中国

我的中国乡村生活

李云起
Keaghan Strang
加拿大

在中国留学期间，上课的日子我没有太多的时间放松，每周的时间表都安排得满满的。但一到寒暑假，我脑海中的第一个念头就是远离一切，逃离我的日常生活，忘掉身边的各种压力。旅行对我来说十有八九都很管用，疫情发生后，我不能去国外旅行，但这给了我更多的机会去探索和了解中国。

我现在住在人口密集的上海，之前曾经住在同样人口密集的北京，所以我倾向于远离人群。旅游时，除了参观一些比较知名的景点外，我更喜欢花时间走进中国乡村。

很多认识我的人都知道，我在龙泉度过了一段悠闲的时光。龙泉市位于浙江省西南部最高的山区。我去龙泉不只是为了了解龙泉青瓷和拜访朋友，也是因为那里人少，可以亲近自然。在龙泉生活可能不像在上海那么方便。那里的食物不是很丰富，而且都得从山外运进来，不过我无所谓，当地的土特产和食材原料都很新鲜，我也很喜欢。最让我惊叹的是那里的环境。我和朋友经常去附近的村庄品尝当地美食，享受自然风景，参观那里的传统建筑。如果不去附近的村庄，我们还可以去山腰

▼ 我的中国乡村生活

的瀑布下面游泳,在泉水中凉快一会儿,或者在僻静的山谷里喝点儿下午茶,轻松一下。虽然没有世界知名的建筑(但这里确实有世界著名的瓷器),也不算风景名胜区,但龙泉绝对是一个放松心情和远离压力的好地方。

除了龙泉,我还希望有一天能再去中国其他地方的乡村。我也会不断地回忆起2020年夏天在贵州拍摄扶贫纪录片的情景。没有什么比在山里待上几个小时、几乎没有手机信号(因此没有人来打扰你)、没有噪声、没有空气污染、能看到一望无际的群山更棒的事了!我还清楚地记得在当地自然保护区边上的村庄品尝过的蜂蜜的味道,除了甜,还有很浓的花香。养蜂人照顾这些蜜蜂似乎很轻松,在处理蜂箱和为我们采蜜时也不戴手套。就在路的对面,还长着几排成熟的辣椒可供采摘。我当时就在想:为什么不试试用辣椒蘸蜂蜜吃呢?我不敢直接吃辣椒。为了保护当地环境,我们对面的山脉禁止人们进入。在贵州短短一周的时间内,我每天都能看到壮美的山景,让我至今难忘。

对于那些能够很好地克服语言障碍的人来说,没有什么能阻止你去这些地方。虽然这些偏远的乡村或山区不是中国最富裕的地区,但去旅行绝对是安全的,而且当地人都非常热情。如果你正在寻找一种安静的方式来度过你的假期,还想顺便探索生活,那么中国乡村绝对值得你体验一次。

100个视角看中国

在中国观光旅游

- 迷迭香
- Asamoah Rosemary Achiaa
- 加纳

听说过"观光旅游"这个词吗?每到一个景点,像所有的游客一样,笑一笑,摆个姿势,拍张照,留下美好的回忆。中国是一个非常美丽的国家,有很多旅游景点,即使是走马观花一样的观光,也几年都游不完。

中国1978年开始实行的改革开放政策是一个伟大的创举,这使得旅游业迅速发展,并成为中国经济一个新的增长点。由于历史悠久,中国有太多的名胜古迹了。仅仅在首都北京,就有无数有趣的地方。其中最著名的要数长城和故宫,这是每个外国人都梦想参观的地方。

中国有很多风景名胜区,在春节、国庆节等假期,这些景点都挤满了人,而且几乎80%的游客都是中国人。这说明即使是中国人也没有游览完国内的美景,那么作为一个外国人,我需要花上更多的时间来游览这个美丽国家的各个角落了。在我的大学——中南财经政法大学附近就有一些旅游景点,比如黄鹤楼,它曾经是古代的军事瞭望塔,有5层。现在黄鹤楼作为武汉的标志性建筑,是当地人的骄傲。武汉东湖是中国

▼ 在中国观光旅游

第二大城中湖，面积相当于6个杭州西湖。这里有很多独特、宁静的小岛，特别是春天樱花盛开的时候，简直是美不胜收。而我在武汉欢乐谷主题公园的经历是最疯狂的——在坐大摆锤时我哭了。如果你胆子小，就不要去玩儿这些刺激的活动了。

我是2013年来中国的，当时住在浙江省省会杭州，这里是中国最繁华的城市之一，有许多风景名胜，其中最著名的是西湖。西湖真是一个美得令人难以置信的地方，到处都是寺庙、花园和人工岛。在湖边随意走走，就能让人心旷神怡。对外国学生来说，杭州野生动物世界也是一个不可错过的有趣地方。动物园里的动物实在是太可爱了！除了来自世界各地的珍稀野生动物，还有精彩的马戏表演。

我还去过三亚，从亚龙湾热带天堂森林公园，到三亚梦幻小镇，再到亚特兰蒂斯失落的空间水族馆，三亚就没有我不想去的地方。三亚位于海南省，地处热带，四季如夏，被称为"东方夏威夷"。三亚美丽的环境、友好的人民，还有不同种类的海鲜，都会是你喜欢的。

中国太大了，所以旅游资源无比丰富。一般外国人到中国的时候，首先会去电影、网络或杂志上提到的著名景点，比如北京的长城、故宫，西安的兵马俑；或者去商业发达的广州，去义乌购物。但我却迫不及待地去看哈尔滨冰雪节，去参观古城，去欣赏令人惊叹的瀑布。这些都会让你大吃一惊。而且在旅行中，中国的交通系统也让人难忘。你想坐飞机、高铁、火车还是公共汽车？在任何时候，你都可以很方便地从一个城市去到另一个城市，每一种交通方式都会给你留下美好的印象。

来到中国，你一定要多走走、多看看。也许将来你度蜜月时，也可以考虑来中国，因为中国还有令人难忘的天堂般的酒店。

钱塘江夜景

 塔莎
🌐 Natasa P. Vujicic
📍 塞尔维亚

  驱车从机场驶入杭州市区，步入公寓时，天已经黑了。拉开窗帘，我和丈夫、孩子不禁高声欢呼。眼前距离我们几公里远的景色可能是我们见过的最美的城市风光了。我们目不转睛地望着窗外，钱塘江犹如一条暗色纹带在我们面前铺陈延展，江畔高楼林立，建筑外墙正在播放动画。一只"兔子"从一栋楼跳到第二栋楼，又蹦到第三栋楼，这是真真切切在楼宇之间跃动的画面！往左看，有"叶子"自某座建筑飘落而下，再远一点儿，一座宛如莲花的建筑光彩夺目，绽放着深浅不一的粉色和紫色的光芒。接下来的两年里，如此景象陪伴着我们在公寓度过的每一个夜晚，但带给我们的震撼却始终未减。每当有客人造访，我不仅会（故意）把客厅的窗帘拉开，还会把卧室的窗帘也拉开，并让卧室的门敞开（从卧室窗户往外看的景观最美），好像上双重保险一样，确保客人绝不会错过这般美景。没错，我存了炫耀的心思，但也的确真心想和到访的每一个人共赏夜景。

  第一天晚上，我们吃了一块巧克力，算是庆祝入住，接着便栽倒在床，沉沉睡去。后来我才知道，每晚七点半左右，人们可以在"城市阳台"欣赏钱江新城灯光秀。灯光秀在靠近我们一侧的江畔上演，从我们居住的公寓无法看到。于是我们便三天两头跑到城市阳台那边去吃晚

▼ 钱塘江夜景

饭。在那里，状似太阳的杭州国际会议中心和宛若弯月的杭州大剧院傲然挺立。这是杭州的两大地标建筑，不管你在哪个搜索引擎上输入"杭州"，检索出的图片大多会有它们的身影。这两座建筑后方矗立着市民中心，六幢塔楼呈合围之势，四组裙楼环绕在外，大气庄重。

沿着钱塘江畔，从西兴大桥到复兴大桥一路灯光璀璨，无数个夜晚，我们在这里散步，心情分外舒畅。沿途你会看到在父母身边嬉戏的孩童、卖水的小贩、唱曲的大爷、伴着中文流行歌曲跳广场舞的大妈。运气好的话还能遇到一个嗓音动人的流浪艺人，看到你投钱，他会停下表演向你致谢。

若你在钱塘江畔遇到这位歌手，觉得他歌声动听的话，可以往他放在地上的盒子里投一些钱。我第一次见到他是在一个阴天的傍晚，当时我就是这样做的，这一举动给我们带来了好运——回家的时候，我们前脚刚跨进公寓大楼，后脚雨就哗啦啦落下来，持续了整夜。第二次，我特意给了他同样多的钱。那天晚上我们的运气也不错——在回家的路上碰见几位好友，最后一起共进晚餐。

到了第三次，这已经成为我们全家心照不宣的"惯例"了。我对丈夫说，我在考虑自己开公司，应该一起去城市阳台走走。于是我们便去了，又见到了那位流浪艺人，我们给了他钱，然后回家。当晚没有发生什么特别的事，但你肯定猜到后续了，对吗？就在当月月末，我收获了第一个潜在客户。后来我真的成立了公司，并取名为"23Exit"（当时从机场开车到杭州时，我们是从高速公路的23号出口下来的），以此纪念将我们带到这座城市的那个"转弯口"。

星星之火,可以燎原
——井冈山文化考察

  宋溯
Randrianarivelo Fitahiana Vahatriniaina
马达加斯加

  我认为,这个世界上唯一不能忘记的就是历史。我们现在之所以能够幸福地享受和平的生活,正是因为以前有一群奋不顾身、无所畏惧的人牺牲了自己的生命。这次去井冈山的文化考察活动让我深入了解了井冈山革命根据地的历史,使我真正明白了什么叫伟大,什么叫坚持,什么叫意志,什么叫毅力。我觉得这就是历史的力量吧!

  江西井冈山革命根据地是土地革命战争时期(1927年8月—1937年7月)中国共产党创建的第一个农村革命根据地,被称为"中国革命的摇篮"。第一天吃完午饭后,我们首先参观了井冈山柏露会议旧址。1929年1月4日至7日,井冈山前敌委员会在这里召开了一场边界联席会议,讨论如何粉碎湘赣两省国民党军队的围攻,会议的议题是"井冈山守不守、留不留"。会上,毛泽东分析了当时的形势,提出:一部分红军留守井冈山,红军主力打出去,打到敌人的后方去牵制敌人兵力,使敌人处于穷于应付、顾此失彼的境地。柏露会议可以说是一次非常重要的会议。

  第二天上午参观井冈山革命博物馆、革命烈士纪念堂和井冈山革命烈士纪念碑。我静静地看着"烈士英名录"上的名字,看到那么多人为了国家而牺牲了自己的生命,情不自禁地流下了眼泪,一句话都说不出来,心里特别难受。很多烈士年纪轻轻就放下一切去参加红军,他们自己还是孩子呢！我还看到一座雕像，是一位妈妈亲手送自己的孩子去打仗。唉，妈妈该是多么心疼孩子啊！这种因分别而带来的悲痛是任何人都难以承受的啊！

下午，我们去南山公园看南山火炬广场，广场中央是一个被双手紧紧握住的巨大的火炬。火炬象征着井冈山革命根据地点燃了中国革命的星星之火。

两天的考察活动很快就结束了，虽然时间不长，却给我留下了深刻的印象。山清水秀的井冈山给我们上了一课。我这次不单是旅行，更重要的是了解了历史，了解了中国共产党。我在中国读书，每天都能亲眼看到中国日新月异的发展。我万分感慨，中国能发展到这一步，一路走来真是非常不容易。我想，等我回国的时候，我也要带着这份热爱祖国的心怀，带着中国人奋勇向前的精神，为自己国家灿烂的明天做出贡献。

100个视角看中国

在武当山看

⍟ 李云起
🌐 Keaghan Strang
📍 加拿大

　　看过中国地图的人都知道，中国到处都是山。如果你看过《阿凡达》这部电影（里面的哈利路亚悬浮山就是以张家界的山为原型的），或者看过很多自然纪录片，我敢肯定，你一定会涌起来中国的冲动。我自己是看着《地球脉动》这样的纪录片、看着《卧虎藏龙》这样的电影长大的。所以很自然，我也很想去看看中国的大山。在中国待了5年多，我去了很多地方，也爬了很多山，我实在难以形容它们给我留下了多么深刻的印象。一个人只有亲自去经历，才能拥有难忘的回忆。

　　虽然我自己一个人也爬过一些雄伟壮丽的山，比如嵩山、泰山，但我最难忘的经历都是和朋友们一起的。其中有一次是和我在加拿大高中就认识的朋友一起旅行。有一年冬天，他回陕西铜川老家探亲，我也跟着去他的家乡转转。由于时间充裕，我们就想：何不去附近湖北省的武当山看看？对我来说，这是我人生愿望清单上的一项；对我信奉道教的朋友来说，意义就更深刻了（武当山是中国道教四大名山之首，是道教圣地，也因太极拳而闻名）。

　　徒步旅行的第一天比什么都有趣，我们花了很多时间参观寺庙。我们看了不少山里的野生动物——一只猴子跳起来，从我手里抢走了一小袋玉米。老实说，它似乎对玉米的袋子比对我更生气，它把袋子往地上

▼ 在武当山看日出

砸，最后给撕碎了。山上几乎没有人，除了猴子，有时似乎感觉整座山都是我们的。不过，由于当时正值隆冬，随着我们继续往高处爬，猴子最终也消失了。接着我们去了太子坡，那里风景优美；还有悬崖边的南岩宫，那是一个观赏日落的好地方。然后我们就在山坡上睡了一觉，吃了顿饭。就在这里，我们遇到了其他几个来自西安的游客，他们围坐在噼啪作响的炉火旁喝了几杯白酒，吃了顿简单的晚餐。也是在那个晚上我才知道，白酒配花生，简直是完美！由于我们第二天一早都要去徒步，所以每个人都很早就睡觉了。

第二天凌晨5点不到，我和朋友就起床了，因为我们要去金顶看日出。月光下，我一边向着前面的山走去，一边听朋友讲述这座山的故事和几个世纪以来道教的朝圣之旅。可是没走多久，我们突然意识到前一天晚上忘了买水，而且这一路上都不会有商店了。还好没过多久，我们注意到身后不远处有灯光，原来也是一个看日出的女孩儿。她很明智地准备了很多东西，于是分给我们一些零食和水。

穿过山顶的寺庙群，我们及时到达了金顶。几公里外都是积雪覆盖的山脉，太阳升起来了，万丈光芒照射在我们的身上和下面寺庙残留着积雪的瓦片屋顶上，真的像仙境一样。朋友拍了很多照片，但我此刻已经完全沉浸在大自然无比的美丽之中。我只能说，此情此景真是赏心悦目，终生难忘！

落叶归根——印象大中华

 黄玮伦
 Ng Wei Loon
 马来西亚

  游走在华夏文明起源的中华大地上，伴随着我的总是肩上沉甸甸的背包、手里用来导航的手机、一肚子的好奇和一脸的微笑。借着在中国求学的机会，我搭乘廉价航班来到北京，穿梭于曾耀眼辉煌的紫禁城，实现自己"不到长城非好汉"的夙愿；我去过让人自在放松，甚至进入忘我境界的丽江、大理与昆明；我体验过大西北乌鲁木齐的独特风情和敦煌浩瀚沙漠迷人的魅力；我也坐过速度高达每小时300公里的中国高铁，从成都到重庆体验正宗麻辣火锅的滋味，从桂林直达广州体验南国风情。更让我难以忘怀的是从成都到色达12小时的高原汽车之旅，在经历了毕生难忘的高原反应后，我终于能够自由地穿梭于红色的五明佛学院，体验藏族人的生活和习俗。经历的这一切和行走的一步步都深深烙印在我心底，拼成了一幅幅无价的记忆画卷，让我能不时回顾这一路上的甘甜。行走在旅途上总是充满着无限的可能，浩瀚辽阔的中国总是不断地激发我行万里路的渴望，让我的心越走越宽广。中国的美丽不仅仅是自然风景，还体现在中国人的待客之道上。

  但有一次的旅程却非同一般，我背负的不再是沉重的背包，而是三代海外华人对祖籍国的乡愁；手里拿着的不再是导航用的手机，而是落叶归根寻找旧址的地图；心里不再是好奇，脸上不再是微笑，而是殷切的盼望和热切的期待。是的，这次我踏上的是海外华人一生都渴望完成的寻根之旅。

我姓黄，自小就被家里的长辈如伯伯、姑姑和父亲提醒我们是华人，我们的祖籍在金门岛西园。爷爷年少的时候与自己的祖父母坐着船，漂洋过海来到南洋发展，并就此扎根。从此，我们一家就在马来西亚雪兰莪州开始了新的生活，再没有踏上中国的土地。正所谓"饮水思源"，家族的长辈从来没有让我们忘记自己的"根"。借着到厦门参加工作坊的机会，我提前从厦门港口乘船探访自小家人就灌输在我记忆中的家乡——金门岛，为的是亲眼还原记忆，认祖归宗！还记得当时的心情是既紧张又期待又兴奋。我非常激动与荣幸能够成为家庭代表，独自一人踏上这片与我们分隔近100年、即将被遗忘的旧址，代表家族三代华人去寻根。

万万没想到的是，纵使经历百年风雨，这片土地面貌依旧。与对岸现代化的厦门相比，金门像是被时间遗忘了！我顿时感到无比的踏实和亲切，冥冥中好像回到了非常熟悉的地方。在旅游中心询问好路线后，我乘坐两趟汽车，到西园寻找黄氏家庙打算祭祖。但是走了很多的路、问了很多的人，都没找到。在机缘巧合、贵人相助与重重波折下，我最终联系上了黄氏族谱负责人黄校长。在核对完我曾曾祖父、曾祖父与祖父的姓名后，我终于与同姓的、依旧居住在金门的远亲联系上了。我感到万分喜悦和奇妙，远亲带着我参观了黄氏家庙，向我讲述了我们的家族史。这次经历是那么来之不易，使我万

分珍惜与感动。我很幸运能在有生之年代表家族完成寻根的使命！

你是否也曾想过你从哪里来呢？希望我的故事可以给你多一份勇气去探索！

识古寻踪
——寻访中国古建筑

范氏秋
Pham Thi Thu
越南

  这些年,中国的飞速发展世界有目共睹,中国也出现了很多国际化大都市。在欣赏和赞叹这些正在崛起的国际化城市之余,我心里还是有点儿空落落的,因为我担心历史悠久的古老建筑会随着国际化城市的发展而慢慢消失。我总渴望能再次去到中国,再次寻访曾经让我魂牵梦绕的中国古建筑。如今疫情之下,我无法亲近那些让我心动的古建筑,只能一遍遍地回忆过去,回想我在中国生活的那段日子,让那段遍访中国古建筑的行游生活在我心里生根发芽。

  2015 年,我第一次到中国。虽然只生活了一个月,但我终于看到了中国古代留下来的故宫、颐和园,实现了心中的梦想。记得走在故宫的台阶上时,一种历史感油然而生。置身其中,我觉得自己好像瞬间穿越到了古代。在这些神秘庄严而又浪漫美好的古代建筑中,我感受到的是历史的凝重,仿佛岁月流过身体,仿佛什么都不曾改变。

  除了历史感的浓墨重彩,我在中国的日子还被古镇所慰藉。谁不知

▼ 识古寻踪——寻访中国古建筑

道"人间有胜景,最美在云南"?探访丽江古镇、大理古镇,古色古香的风景令我心驰神往、流连忘返。"环楼碧水晓烟轻,盈府祥光杨柳晴",这句诗用来形容丽江再合适不过了。踏着古镇的石板路或竹板路,千言万语也无法言说我对古代建筑师的钦佩和仰慕。我常常想,现代社会再没有哪一个国家的建筑师能建造出这么自然流畅又美丽的建筑了吧?古建筑上的每块砖、每片瓦都极有可能是极品、精品。在建筑工具、运输方式都不发达的古代,这些需要建筑工匠付出多少汗水和才智才能做到啊!我们今天还能看到这些古建筑又是多么幸运啊!

在我寻访古迹的中国生活中,美妙的自然环境也总带给我绝佳的享受,以至于如今我不得不一次次地闭上眼睛,回想过去,让那些在北京、在云南生活的画面一帧一帧地滋养我。那时候,我的身边不是河流就是森林,耳边不是清脆的鸟声就是纯净的风声,触目所及不是青青的山就是绿绿的水,还有那水下自由自在游动的鱼儿……

我在中国的日子既短又长。时间上它只有短短数月,然而那段日子却能超越时空,绵延不断。我期待着能再次踏上中国的土地,在那里学习、生活,让我在中国"识古寻踪"的生活开启新篇章。

2021 "知行贵州"之旅

胜利
Das Shatrohan Kumar
尼泊尔

"百闻不如一见，百见不如一干。"2021年7月，在贵州交通职业技术学院的邀请下，我们北语来自五湖四海的同学在老师的带领下，满怀兴奋之情来到贵州进行参观学习，体验那里的历史和文化。

行程第一天，我们首先参观了贵州博物馆，了解当地文化，尤其是苗族的文化遗产。苗族的服饰特别有文化意义，代表着穿着者的年龄、身份、地位和经济实力。苗族的服饰展示了苗族人民对幸福美好生活的向往。他们把一切象征美好吉祥的事物，比如花草、鱼龙、飞禽等编织刺绣在自己的衣服、头巾、鞋袜上，风格独特，工艺精美，独具魅力。

然后，我们去贵州交通职业大学体验交通事故现场的真实感受。这个教育基地采用沉浸体验式教育方式，融合了虚拟现实、互动仿真、实景影视制作、5D动画还原等元素。坐在真实的汽车座椅上，戴着VR眼镜模拟真实的操作，真的能够感受到车辆相撞的冲击以及翻车的过程。那一瞬间就让我们明白了生命的可贵，让我们每个人都牢记要遵守交通规则。

接着，我们又通过一个小时的课程了解了贵州桥梁的建设。贵州的杭瑞高速公路北盘江大桥获得了"古斯塔夫斯"（Gustav Lindenthal）金奖，这个奖被称为国际桥梁界的"诺贝尔奖"。

这座桥桥面到谷底的垂直高度约565米，相当于200层楼高；它也是目前的世界第一高桥，2018年被载入了吉尼斯世界纪录。这真是一个伟大的工程！贵州交通职业技术学院的老师还给我们介绍了很多桥梁知识，对比了不同的桥梁设计，让我们深感震撼。

第二天的行程更加丰富多彩。我们参观了苟坝会议会址，了解了毛泽东深夜独自提着马灯，来到周恩来、朱德的住处进行讨论的历史。我们还去了岜沙苗寨——中国最后一个枪手部落，这里还保留着佩带火枪（岜沙持枪获得公安机关特别批准）、镰刀剃头、祭拜古树等古老的习俗。看着他们的衣食住行以及周围的环境，我感觉自己回到了故乡。尼泊尔有120多个民族，其中有一个古隆（Gurung）族与岜沙苗寨有着相似的文化。然后，我们来到了平塘大桥——世界最高的混凝土高塔桥，又一次被震撼得目瞪口呆。最后，我们回到肇兴侗寨待了一个晚上，在那里看夜景的感觉与我在尼泊尔寺庙看风景的感觉有着奇妙的相似。

感谢学校给我们这个宝贵的机会体验贵州的风土人情。中国文化博大精深，我们不仅要读万卷书，还要行万里路。在中国共产党成立100周年的时候参加"知行贵州"之旅，既让我们留学生了解了共产党一步步走到今天的历史，也让我们看到了中国今天的进步。历史和现实融合在一起，让我们外国留学生更加理解中国取得这一切成就的根源。希望今后有机会能参加更多这样有意义的活动，不断开拓我们的眼界。

100 个视角看中国

难忘的故宫之旅

阮玉千金
Nguyen Ngoc Thien Kim
越南

到北京尤其是故宫游览是我一直以来的梦想。小时候,我就在报纸上、电视上看到过很多有关故宫的新闻,还看过在模仿故宫的影视基地拍摄的电视剧。故宫的报道、故宫的历史与建筑强烈地吸引着我,所以能来到北京尤其是走进故宫是我在中国留学期间最为骄傲的一件事。

几年前的五一假期,广西民族大学文学院的老师带着我们留学生去北京旅游。站在故宫门口的那一刻,我知道我离儿时只能通过屏幕看到

▼ 难忘的故宫之旅

的场景只差一步之遥了。

进入故宫时,我们租了中文的讲解器,以便更加了解每件文物背后的故事与意义。走在故宫里,我感觉屋顶的每一片瓦、墙壁的每一块砖都是活生生的历史老师,都在向游客讲述着悠久的过往。太和殿、中和殿和保和殿的每个细节我都不想错过。游览故宫时,让我感触最深的是它的设计和建筑,真的是无与伦比的杰作,代表着中国传统文化和建筑的最高成就。另外我还发现,故宫周围没有高楼大厦,也许是为了让整个建筑保持一种皇宫的庄严氛围吧!

在故宫里,除了建筑物以外,还有很多关于故宫的书籍、光盘、杯子、衣服等纪念品供游客购买。我选了几样有纪念意义的,打算回国送给亲朋好友。

在这次旅途中,我们不仅感受到了北京的历史文化气息,而且还结交了很多来自世界各地的朋友,越南、泰国、老挝、法国等。能相遇在中国,一起穿上汉服留下合影真的是一种美好的缘分。

5月10日,我们乘坐火车返回广西。在对北京说再见时,每个同学都依依不舍,流连忘返。在火车上,我哼起一首北京的民谣,内心觉得无比幸福,因为我儿时的梦想终于成真了。

100个视角看中国

风景**壮丽**的黄山

李云起
Keaghan Strang
加拿大

我在中国经历的最难忘的冒险之一发生在2021年冬天。自从5年前来到中国,这个地方就在我的"中国旅行清单"上。在我本科最后一个学期到来前,我告诉自己,这个冬天我要去黄山了。

黄山是中国十大名山之一,也是安徽省最著名的旅游景点。在旺季,山路上总是挤满游客,就像中国许多热门旅游景点节假日时的情况一样。老实说,这令人难以享受景点的风光。我决定试试运气,选择了一个没有大批游客涌入的时间——中国新年后的第二个周末,去观赏黄山冬季的风景。

就在出发前几天,我最好的朋友——住在浙江省附近的陶工,告诉我他想跟我一起去。我们开车来到黄山脚下,找了一家酒店住下。

在前台,我们询问老板第二天的天气情况。我们希望在山上能看到雪,但老板斩钉截铁地说,不会下雪,只会下雨。他建议我们多待几天,等天晴了再上山,这样我们至少可以在山顶上看日出或日落。但由于周末过后我们还有事,所以等不了了。我内心有些不安,担心坏天气会影响我们这次黄山之行。

第二天一大早,我们搭缆车上山。虽然我通常更喜欢一路徒步上山,但由于沿途的大雨和恶劣条件,走山路不安全,花费的时间也会比

▼ 风景壮丽的黄山

平时更长。没想到，坐上缆车还不到 5 分钟，我们就看到了一幅令人心旷神怡的景象：雨慢慢停了，纷纷扬扬的雪花飘落下来。除了黄山独特的地貌和绿色的植物之外，漫天飞雪更是一个相当令人愉快的景观。我和朋友冲到山上，打开相机准备捕捉早晨的降雪，这是中国南方只有在山上才能看到的景象。黄山独特的本土松树和云状蓬松的积雪映入了我们的眼帘，这是一场视觉盛宴，我忍不住拍下了许多照片。

徒步旅行了几个小时后，雪停了，我们在一座山峰上吃了午饭。然后，我们开始寻找一个视野不错的地方，来布置我们的茶具，准备享受山顶的下午茶。路上，我们偶然发现一片云雾开始散去。在两边的山脉之间，乍看只是一片云海，慢慢地，一座山峰的轮廓显现出来。我们驻足欣赏这座山的"出现"，然后继续沿着小路往前走。

不到 10 分钟，我们看到了一条通往高处一座山峰的小路。我们爬上那座山，坐在悬崖边的岩石上（有护栏围着），把茶具摆放出来。在我们眼前，有些山峰原本只是在云层中隐约可见，不一会儿，山峰却自信地冲破云海，呈现出更加壮观的景象；也有些山峰暂时出现了，但很快又消失在云雾之中。这绝对是我见过的最超现实的自然景观之一，在那一刻，我们仿佛置身于中国古老的神话故事中。

我们俩坐在那里，看着眼前的景色，喝了两杯茶，时间仿佛静止了。

游览杭州寺庙

  塔莎
Natasa P. Vujicic
塞尔维亚

千年古刹灵隐寺是人们耳熟能详的地方,也是杭州的必玩景点之一。从古老的岩洞到莲花宝座上金光闪闪的释迦牟尼佛像,这里的一切都令人陶醉。我绞尽脑汁也找不到一个词能恰如其分地描述这个地方。灵隐寺像只存在于古老传说中的寺庙,又像来自某个失落文明的幸存遗迹。灵隐寺地处西湖以西,茶山环绕,云蒸雾缭,周围是古老的碑文和佛像。寺内香火鼎盛,烟气氤氲,身披橘色袈裟的和尚在佛前诵经。

但请不要让你的旅程止步于此。距离灵隐寺不远处,有一座北高峰。如果你身强体健,可以徒步攀到顶峰;如果像我一样心有余而力不

> ▼ 游览杭州寺庙

足，可以乘坐缆车。在缆车上俯瞰西湖景色，可谓美不胜收。北高峰海拔 300 多米，在西湖群山中鹤立鸡群，但这并不是它唯一的特别之处。真正令北高峰出名的是位于山顶的一座供奉着财神的寺庙，名为灵顺寺，有"天下第一财神庙"的美誉。中国人素有求财纳福的心态，在这里你便可以窥见一二。

寺庙深灰色的石雕花窗和暖黄色的外墙相映成趣，带给人纯粹的美学享受。敲钟也是一大乐事。这口钟很大，周围挂着数千条红绸带，又称"许愿带"，上面写满了人们的美好祝福。敲钟时，你必须双手握住钟杵（可能要用尽全身力气来控制），敲的次数也是有讲究的，不多不少敲九次。钟杵撞击古钟的那一刻，你会听到一阵悠扬浑厚的钟声在西湖上空久久回荡。当你看到成百上千的红绸带飘飘扬扬，每一条都寄托着人们的殷切期待与真诚愿望时，内心深处也会生出坚定的信念。在那绵延的钟声里，你与山川树木、来往祈福的香客、山脚下驻足聆听钟声的游人仿佛融为一体，不免心生敬畏与感动。这是一种如梦似幻的体验，千万别错过了。

绕过笑脸迎人的金身弥勒佛，穿过挂满红绸带的院子，径直走到最里面一间房，便是供奉着财神爷的所在了。房内吊顶装饰精美，财神爷赵公明衣着鲜艳、威严十足，你可以和当地人一样跪下来拜拜。等回到院子，你会注意到右手边有一个房间。在这里，你可以许愿、求签，然后找和尚给你解签，他们会告诉你要怎么做才能实现愿望。

好啦，是时候下山了，到山下的灵隐寺附近吃一碗素面吧！

海南岛槟榔谷之行

文森特
Vincent Mbonihankuye
布隆迪

你知道吗？有一个地方，男孩儿必须爬上49棵又高又细、没有树枝的树才能牵到一个女孩儿的手！这是黎族的风俗。黎族是中国55个少数民族之一，人口只有160万，约占中国14亿人口的0.1%。

黎族是海南岛最早的居民，3000年前就在那里定居了。海南岛是太平洋上一个美丽的岛屿，被称为"东方夏威夷"，那里舒适的热带气候、美丽的海岸线、完善的酒店设施等让你感受到中国的多样性。在海南岛旅游时，我去了一个叫槟榔谷的旅游景点。槟榔谷是一个小村庄，有大约1300名居民，距离三亚只有30分钟的车程。因为有很多槟榔树，所以叫槟榔谷。

旅游中最让我感兴趣的是当地黎族的婚俗。在他们的传统文化中，娶妻要付出很高的代价——爬49棵槟榔树，男孩儿必须用这种方式表明自己要娶女孩儿的坚定决心。

黎族人的求婚和结婚也很不寻常。女孩儿一般十五六岁时离开父母，独自住在离家不远的闺房里。大多数闺房都是茅草屋，里面有一张大床。搬到闺房后的女孩儿开始找男朋友。年轻男孩儿可以自由地进入闺房，和女孩儿说话玩耍。如果女孩儿喜欢这个年轻人，就会邀请他在闺房过夜；如果不喜欢，就会要求他离开。通过一段时间的自由恋爱并

▼ 海南岛槟榔谷之行

确定关系后,男方的父母就会去女方家正式提亲。他们通常会带一些女孩子喜欢的衣服和槟榔(槟榔是最重要的礼物),如果女方同意,就会接下槟榔,否则就不接。婚礼也非常喜庆,有各种各样热闹的活动,整个村庄也要准备猪肉和羊肉来庆祝。对歌更是贯穿黎族婚礼的整个过程,是婚礼的高潮。在酒席上,无论是老年人、中年人,还是年轻人,包括新郎新娘,都用对歌的形式来表达情感,真是有趣极了!

黎族的婚俗给了我两方面的启发。一方面,每个人都要为未来的婚姻做好身心准备,以便在将来的婚姻关系中承担起责任;另一方面,黎族人很注意保护自己的传统文化,在这一点上,我觉得其他少数民族也应该向黎族人学习。我想,为什么世界各地的人都愿意来海南岛的槟榔谷参观游览,也是为了感受这种独特的文化魅力吧!

在中国寻找朱鹮

  李云起
Keaghan Strang
加拿大

说起中国,很多外国人的第一反应是人口众多、熙熙攘攘,第二反应是上海和北京,因为这些城市与许多国外的大城市一样,高楼大厦林立,人们忙忙碌碌。但是,许多人似乎没有第一时间想到,中国也有许多农村地区和自然保护区,政府和民间不仅关心当地生态系统的健康发展,而且投入了大量精力来保护和恢复各种濒危物种。

就在几年前,我的一个中国好朋友,也是我在加拿大戴尔豪斯大学学习时的室友,回到了他的家乡汉中(陕西省南部的一个地级市)。我们计划在西安见面,先去看兵马俑,再去华山(尽管他恐高),然后回他家。他说,他的家乡基本被群山环绕,所以不管去什么地方,即使看起来不那么远,也要花很长时间。他的家乡有很多名胜古迹和野生动物保护区,但都位于相反的方向。由于时间有限,最后我们选择了洋县,希望能看到野生朱鹮。

朱鹮曾经广泛地分布在中国、俄罗斯、日本、朝鲜等地,但后来因

▼ 在中国寻找朱鹮

为环境恶化，数量急剧下降，濒临灭绝。目前已知的仅存的朱鹮就栖息在汉中周围的山区，虽然数量也很少。要不是中国政府采取措施保护这一濒危物种，并采用人工饲养繁殖的方法，朱鹮的数量可能会继续减少。汉中没有动物园，只有朱鹮自然保护区，我们有幸去参观了其中的一处景区。

我们看到许多朱鹮在饲养中心周围飞来飞去，保护区里的动物是不会被放生的，这里的动物是为了研究和保护。然而，待了一下午，我们仍然感到有点儿失望，因为我们希望能在中国看到一只野生朱鹮。于是我们回到车上，漫无目的地往前开。我们真的不知道要去哪里，但现在不是繁殖季节，所以我们就往山里开，想碰碰运气。一路上风景很美，但没有看到朱鹮。开了一段时间后，我们下车问当地村民看朱鹮的最佳地点。那人说的是方言，我们没人真的听懂他在说什么，但通过手势也大概明白了他的意思——在野外是看不到朱鹮的。于是，我们就准备回家了。

太阳快下山了，经过一处群山环绕的湖泊时，我们下车拍照。就在那里，朋友说："看，在湖边觅食的鸟就是朱鹮！"争论了一会儿，很快就证明他错了。远处，一对粉红色的翅膀舒展开来，映着落日的余晖，飞过我们的头顶，垂着下巴。我们俩此刻都没有了拍照的冲动，因为此刻不值得浪费时间去拿手机，我们都目不转睛地盯着那只美丽的鸟，虽然它不是朱鹮。我想，不是每个人都有我这样的经历或好运，但对于来中国的外国人来说，只要去探索，你就会拥有难忘的、独特的经历。

望城——无声的美丽

沈薇利
Sim Wui Lee
马来西亚

自从2008年第一次踏足中国,我就常听见"雷锋精神"这个说法。从周围人的只言片语中,我想当然地认为,"雷锋精神"大概就是多做好事、向上向善吧。

但是2018年踏入湖南长沙望城的雷锋纪念馆,我看到了一个有别于往常戴着红领巾形象的雷锋,那里矗立着一个斜背着包、快乐阔步的雷锋雕像。那是一个鲜活的形象,像是暗示着到访者,在这里,你将看到一个不一样的雷锋。

随着解说员走到二楼的一个角落,雷锋的一段话瞬间把我震慑住了:"什么是时代的美?战士那褪了色的、补了补丁的黄军装是最美的,工人那一身油渍斑斑的蓝工装是最美的,农民那一双粗壮的、满是厚茧的手是最美的。劳动人民那被烈日晒得黝黑的脸是最美的,粗犷雄壮的劳动号子是最美的声音,为社会主义建设孜孜不倦地工作的人的灵魂是最美的。这一切构成了我们时代的美。如果谁认为这并不美,那他就不懂得我们的时代。"

我在思考,每个时代的人都有要经受的考验和需要承担的责任。在那个吃不饱、穿不暖的年代,养活自己已经是件难事了,能把心思放在他人、社会和国家上,放下小我去成就大我,真的是那个时代里最伟大的行为了。

反思今日,不愁吃穿和教育机会的我们,又有多少人能常做好事、向上向善?我们将大笔的钱或是花在五光十色的商场、酒吧里,或是投入有利可图的商机中。生活中的"向上",大概也只想着改善自己的生活,似乎已回不到雷锋那个一个大锅吃十户人家、多加一双碗筷就能帮助他人的环境中了。倘若每个时代都只追求"小我"的美好、个人的"向上",那即使人们的生活富足了,心灵也依然是匮乏的,这是时代退步的表现。其实,恰恰是在我们现在不愁吃穿的时代,更应该关注"大我",更应该为他人、为社会付出我们的关怀与爱。

回到酒店后,我从窗户望向对面的斑马湖,记忆回到前两天走过的乔口——爱国诗人屈原曾经来过并在这里创作了《九歌》的千年古镇。我还想起那曾经聚集了欧阳询父子等书法大家的书堂山,还有一千多年历史的唐朝彩瓷发源地铜官窑。这一片自古至今以人为本、以才闻名的瑰宝之地,像个慈父般无声且稳重地向世界证明着何为"文化"。

望城,这不是一座人潮拥挤的城市,却让多少文人流连忘返。就

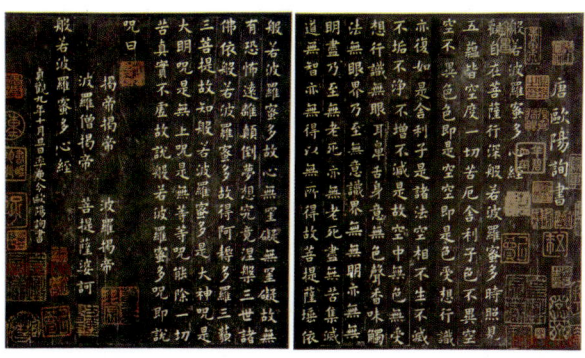

是这样一个无声且稳重的城市,在经济飞速发展的今日,依旧坚持以文化和教育走在时代的前端,不卑不亢;就是这样一个无声且稳重的城市,培养出一批又一批为社会奉献的中流砥柱。我终于明白什么是"雷锋精神"。

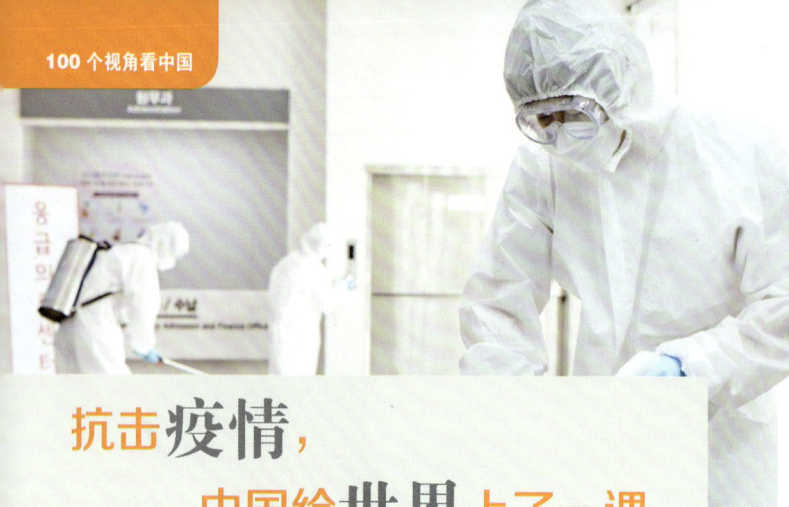

100个视角看中国

抗击疫情，
中国给世界上了一课

李山姆
Sam Yakusu Bokawenyama
刚果（金）

新冠肺炎疫情暴发以来，我一直待在中国。我看到中国政府始终把人民的福祉放在首位，坚持人民至上、生命至上。中国人有一个共同点：遵纪守法。你可能不相信我的话，但我觉得中国是法治的典范。中国人民与政府的高度配合，是中国有能力抗击新冠疫情的重要保证。在面对新冠肺炎疫情时，中国给世界上了一课。

回想自己2017年刚到中国时，我就对自己受到的欢迎和待遇感到惊喜。我生活在一个很安全的国家。武汉发现新型冠状病毒时，我正在那里的中南财经政法大学攻读博士学位。作为生活在武汉的外国人，那段时间我不敢睡觉，也不敢休息。从房间的窗户望出去，看着空荡荡的街道，我也在头脑里不停地想：中国会怎么做呢？中国会提出什么样的解决方案呢？该从哪里入手呢？我觉得，后来中国的一系列措施为世界各国提供了一种"中国模式"。

对于我们这些被安置在大学校园里的外国学生，学校尽最大的努力给我们发放口罩、酒精和食物，确保我们不受食品和基本生活必需品短缺的影响。此外，生病时的医疗检查和护理也都是免费的。

▼ 抗击疫情，中国给世界上了一课

2020年4月8日，"封城"76天的武汉终于解封，此后中国国内的疫情也逐步稳定。这一切成果，都是因为中国采取了及时有效的防控措施，遏制了病毒的蔓延，保障了人民的生命安全。

当新冠肺炎疫情在全世界蔓延之后，作为一个负责任的大国，中国在继续做好本国疫情防控的同时，也在力所能及的范围内向国外提供支持，无私地分享抗疫经验，向世界其他国家和人民提供了大量援助。作为受益者，我们应该向中国表示感谢。

这场席卷全球的疫情也让世界认识到这样一个问题：当今全球化的脆弱性。新型冠状病毒提醒我们，我们现有的社会模式既不是持久的，也不是稳定的，一种不是很致命的简单病毒能在很短的时间内就使整个世界瘫痪。中国向世界表明，只有团结一心和人道主义原则才能指引我们。我们应该以中国为榜样，团结起来，生命至上。这样一切才有可能，我们才能面对所有的不幸和危机。

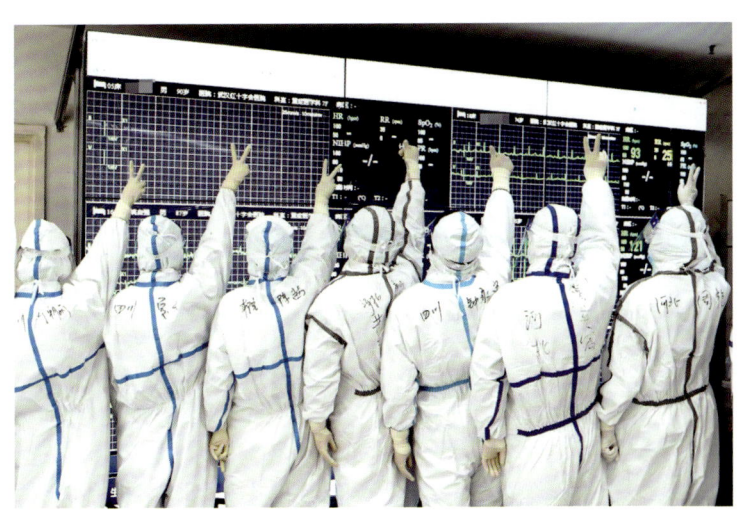

100 个视角看中国

面对疫情，美国应该向中国学什么

范贝琳
Belen Fajardo
美国

新冠肺炎疫情发生至今已经快三年了，整个社会仍然受到病毒流行的影响。我们每天都在问自己："什么时候才能不戴口罩？这种情况还要持续多久？什么时候一切才会恢复正常？"不幸的是，对我们中的许多人来说，答案是：这就是新常态。

在美国，我们看到了关于疫情严重性的激烈辩论和不同意见，但这只会让整个国家在如何处理越来越多的感染问题上产生倒退。这种争论让人感到既沮丧又失望。随着双方争论的持续，越来越多的人因病毒而丧失了生命。

与美国政府不同，中国政府采取了更为严格的措施，以尽量减少病毒的影响和传播。一旦有任何省份报告出现阳性病例，就立即进行大规模排查，并采取措施及时应对。不仅如此，中国公民也非常配合政府的措施，以便减少病毒的传播，比如自觉在公共场所戴口罩。这一政策在美国并没有得到贯彻执行。随着时间的推移，情况甚至越来越糟，戴口罩的人越来越少了。

▼ 面对疫情,美国应该向中国学什么

疫情发生一年后,我的姐姐感染了病毒,因为她在商场工作,那是一个面向公众的大型开放空间。在她被隔离的同一时期,得克萨斯州经历了最寒冷、最严酷的冬天,居民们没有电也没有水。我和我的家人就是这种情况。当我和我的母亲、两个姐妹还有我们的6条狗待在一个房间里取暖时,我的姐姐不得不在另一个房间里隔离,尽可能地让自己保持温暖。由于健康问题,我的父亲在疫情之前就一直住在医院。当时还没有疫苗,所以我和我的家人对我姐姐能够抵抗住病毒而感到非常欣慰。

2022年,我在开学的第一周也感染了新冠病毒。虽然由于接种过疫苗,隔离时间大大缩短了,但关在房间里还是让人觉得疲惫不堪。在本该上课的时间,却被限制在那样一个小小的空间里,我感觉自己的精力快要被耗尽了。

如果说美国人在对抗新冠肺炎疫情方面可以从中国人那里学到什么的话,那就是政府和社会必须承认情况的严重性,并采取必要的措施来遏制病毒的传播。否则,新冠肺炎疫情将不会停止蔓延。

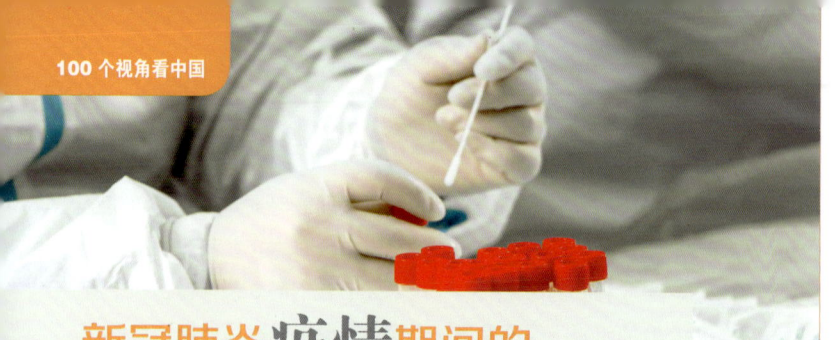

新冠肺炎疫情期间的中国生活

  李云起
🌐 Keaghan Strang
📍 加拿大

  毫无疑问，这几年大家讨论最多的话题就是新型冠状病毒。无论你生活在世界的哪个地方，病毒都可能以某种方式影响到你或你所爱的人。我们本以为这种情况在 2020 年夏天就会消失，但现在已经到第三年了，疫情蔓延的势头似乎并没有减缓。虽然一些国家的疫情好像得到了控制，但病毒还在不断地变异。

  2020 年 1 月的时候，武汉成为疫情的中心。得知疫情消息的时候，我正在去浙江龙泉的路上，打算与朋友一起庆祝农历新年。这已经不是我在龙泉度过的第一个中国新年了，但这一年的气氛却与前一年大不相同。尽管龙泉是一个只有几十万人口的小镇，但往年的新年都非常热闹。而 2020 年的春节感觉很凄凉。在那儿的四天里，我在朋友家（也是我住的地方）吃饭，在他的工作室喝茶。除了几个好朋友和他们的家人外，我几乎没见过其他人，大街上也冷冷清清的。

  从龙泉回到北京后，我才意识到情况的严重性。接下来的两天，我都是在学校宿舍里度过的。就在我们大学全面封锁之前，我按原来的计划去了芬兰。我的中国朋友本该五天后在挪威跟我会合，但他们告诉我，他们去不了了。而我非常幸运地在那个寒假游览了斯堪的纳维亚半岛，欣赏了美丽的风景和历史建筑，参观了许多艺术展及博物馆。直到

▼ 新冠肺炎疫情期间的中国生活

旅行快结束时，我才不得不决定是否返回中国。

当时病毒还没有开始在加拿大境内传播，欧洲的病例也很少。所以我的家人、朋友都试图说服我留在欧洲，或者回到加拿大的家里。但在我看来，最明智的决定还是回北京。我在新闻上看到，也从很多朋友那里听到，中国政府正在迅速采取措施防止病毒传播。所以我担心的不是中国会发生什么，而是国外会发生什么。当时许多国家还没有认识到新冠肺炎的严重性，也没有对世界卫生组织和中国政府的警告做出太多回应。

回到中国后的生活非常平静，大部分时间都在房间里待着，大家对于控制疫情都很有信心，中国各地的病例数字也开始缓慢下降。我的家人不再因为我在中国而担心了，现在轮到我为他们担心了。随着核酸检测的开展和中国政府对疫情的密切监测，任何小范围的疫情都能得到迅速控制，很少扩散到周边地区。给我留下深刻印象的不仅是中国政府的政策，还有中国人民。绝大多数人都很配合政府的要求，他们知道如果大家一

起努力并保持警惕，就会有助于遏制病毒。我不仅见证了他们作为一个国家的人民团结起来的能力，还感受到了他们的善良。

在那样一个时期回到中国其实不是一件容易的事，我也得到了超出我想象的帮助。在一个朋友的公寓隔离两周后，我需要另外找个地方住。一些我几乎不认识的人帮我暂时找了个合适的出租房。在出租房住了一个月后，一位中国朋友主动联系我，问我想不想暂时和他们一家人住在一起，他说希望我住得更舒服，而且不用付房租。

虽然过去的两年多里我遇到了很多困难，但每次遇到麻烦，无论是我的家人还是我在中国的朋友，都会热心帮助我。我不仅能够挺过发生的一切，而且我的生活并没有因此而停滞不前，我仍然取得了很多进步，仍然坚定地朝着未来前行。

100个视角看中国

抗击疫情

众志成城 同心协力

与我们共同的"敌人"做斗争

␣ 宝贝
🌐 Odeniyi Ayodele Joseph
📍 尼日利亚

新冠肺炎疫情暴发后,国际社会陷入一片混乱,不知道该如何应对这突如其来的新疫情。此时,迅速而周到的思考和创造性的抗疫措施至关重要。虽然中国的疫情一度非常严峻,但是在政府坚强有力的领导下,在无私奉献的医护人员、无数奋战在抗疫一线的社区工作者和志愿者,乃至全中国人民的共同努力下,中国人比以往任何时候都更加万众一心,努力地攻克疫情,为的是确保人民和国家的安全。

就我个人而言,疫情暴发的消息让我非常担心,因为当时我的妻子已经怀孕五个月了,各项例行检查被迫暂时停止。考虑到我们远离家乡和亲人的实际,我感觉自己无能为力。感谢中国老师的热情关怀和定期慰问,帮助我们解决了日常用品和其他基本的生活需求,消除了我们远离亲友的不安。

这次疫情也让我深深地体会到了中国"人民至上、生命至上"的原则,感受到了中国人"团结一心、众志成城"的精神。与西方偏爱个人的自由不同,中国人民尊重、信任他们的政府。随着中国不同社区、城市和省份新病例的增加,中国人愿意接受医学专家的建议并全力配合。因此,各项抗疫措施更容易被接受和执行,公众提出的问题很少,几乎没有人反对城市的暂时封闭、一定时间的隔离、戴口罩、勤洗手、勤消毒、做核酸检测、接种疫苗,等等。这场疫情考验着每个人的人性,以及超越自身利益的能力,而团结是中国应对疫情的重要法宝。

中国政府还率先向全球多个国家捐赠物资和疫苗,提供了价值数十亿美元的人道主义援助。结果很明显,可以说,目前中国是世界上疫情控制最好的国家,也是世界上最安全的国家。我认为,世界各国应该从中国的抗疫措施中获得启发。与我们共同的"敌人"——新冠肺炎疫情做斗争,应该是构建人类命运共同体的实践之一。

阳光落下的武汉

阮氏云庆
Nguyen Thi Van Khanh
越南

"我快撑不住了！我会不会死？"这是我 2019 年 12 月底在微信上收到的朋友的一条消息，也是让我意识到疫情比我想象的更为严重的信息。新闻不断报道着武汉的疫情：2020 年 1 月 23 日，全城封锁，医院因为住院人数过多而超负荷运转。2020 年春节，一个本该是全家团圆、祥和美好的节日却成了武汉人最黯淡、最令人恐惧的回忆，成了许多家庭最悲伤的日子。也许我们每一个人都从未想过，从 2003 年"非典"到现在，都过去快 20 年了，却发生了比"非典"还要严重得多的流行病。

▼ 阳光落下的武汉

我开始天天上网看新闻，实时了解武汉的疫情。疫情初期的武汉，我看到的是恐慌，是不安，人们涌上街头抢购、囤货。"生病"的武汉缺乏医疗物资，缺少医护人员；"生病"的武汉沉浸在孩子找父母的哭声中，沉浸在老年人看着孩子背影的默默无语中。当初的我觉得，这次疫情可能跟"非典"一样，持续不了多久，但是，感染人数日益增多，死亡率逐步上升，没有特效药，没有疫苗，不知道最佳的治疗方案，一切都变得模糊和不确定起来。

也许"没有过不去的冬天，也没有来不了的春天"这句话是真的。2020年2月，朋友给我打电话说："一切已经控制住了，我很安全。"处在黑暗中、需要伸手寻找帮助的武汉此时此刻在我心里变得如此勇敢硬气。人们遵守国家的规定，减少出门，共同携手渡过难关。"一方有难，八方支援"，中国各地都发动自己的力量帮助武汉，生活、医疗物资从四面八方汇集到武汉。最不可思议的是，在疫情扩散蔓延最严重的时期，中国以令人惊叹的速度，用十天的时间建造了火神山、雷神山医院，还用一个晚上搭起了方舱医院。没有一个生命被放弃！在一个本以为全是悲伤的城市却充满着无数温暖人心的时刻。最终，武汉在封城76天后解封，一切都逐步进入正轨，生活慢慢恢复正常，人们的伤痛也慢慢痊愈。病人们满怀感激地离开医院，而以最无畏的勇气抢救了每一条生命的医护人员也向这座慢慢"康复"的城市挥手说再见。此时，我的朋友也彻底安全了。

无数最美逆行者，无数挺身而出的平凡人，守护着全城的健康，构筑起了抗击疫情的钢铁长城，书写了一个从悲伤中崛起的武汉。

100个视角看中国

我相信中国
一定会渡过疫情难关

思言
Sandra C. Obiora
尼日利亚

在生活中，有时我们会走到一个十字路口，必须决定是做这件事还是做那件事，未来就取决于这一决定。对我来说，一个艰难的决定是：2020年3月，我是回国还是留在中国？其实背后的问题是："我可以把自己的生命安全交给中国吗？"经过几周的思考，我决定相信中国，于是满怀希望地留了下来。

还记得2019年的12月，我们在为圣诞节而兴奋，为所爱的人准备礼物。有些人买好了机票，计划着与家人团聚；还有些人则计划与朋友去旅游，期待盛大的新年庆祝活动。我也不例外，新年伊始，我和家人参观了美丽的桂林。可是没过几天，就好像天上乌云密布，一切都变了。还记得我们在桂林旅行的最后一天，一切都显得那么紧张。我们虔诚地握紧返程机票，祈祷着航班不会被取消，祈祷着能顺利回到我们在成都的家。当最终登上延误的航班时，我们激动得抱在了一起。

我仍然记得疫情开始时所有人的恐慌。这份恐慌也像野火一样蔓延到了我们留学生的心中。我在新闻上看到了武汉封城的消息，也听说了那里的国际学生的困境。行动完全受到限制，供给也不足，很多人在呼救，但很难得到回应。外国人不断地离开中国，不是因为他们不相信中国，而是希望能和亲人一起度过这段艰难的日子。

在成都，管控政策很快也来到了，行动开始受到严格限制。在我的小区里，我们每天只能出去一次，每户只允许一人外出。我们过上了封闭的生活。我每天都接到国内家人的电话，问我是否还好，是否愿意回

▼ 我相信中国一定会渡过疫情难关

家，中国是否安全，中国政府是否在采取应对措施，我是否生病，是否每天祈祷……我也在电话中问他们是否感到不舒服，是否在保护自己，是否每天祈祷……在封闭期间，我也有过烦躁的时候。我很想打网球，想与人见面，想念与朋友的拥抱，想念看到没有口罩的面孔。为了保持健康，我像个疯子一样每天在家里跑来跑去。我坚持读书，集中精力做我的研究工作。我和丈夫当时都是博士生，所以我们在家里开辟了一块专门用于研究的空间。它成了我们的工作室，因为我们不能去学校的办公室和实验室。最大的改变是我的睡眠习惯。我的身体很快就昼夜不分了。我会在凌晨三四点睡觉，中午醒来，开始一天的生活。

感染人数每天都在迅速增加，所有的目光都聚焦到了武汉。中国对武汉疫情的快速应对给我留下了深刻印象。十天内就能建成有千张床位的火神山、雷神山医院，这是基础设施建设的奇迹。更让我感动的是那

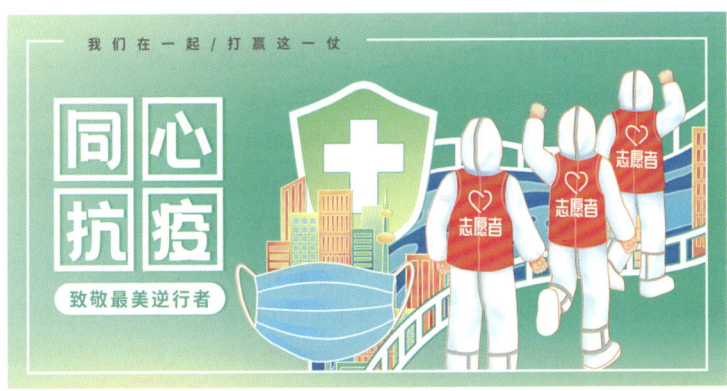

些决定去武汉的医生、护士等医务人员，是那些坚持工作的快递小哥、外卖骑手，还有无数维持着社会正常运转的志愿服务者。我觉得，他们是我们这个时代的勇士和英雄。最令人难以置信的是，每个人都努力遵守防疫的指导方针和规定。如果普通中国人无视这些规定，那么肯定不会有我们今天看到的正常生活。

虽然经过几个月的管控，中国恢复了正常，确诊病例有所下降，但仍有许多境外输入的病例。这是我们在华留学生和外籍人士最紧张的时

期。走在外面时，你可以感觉到空气中的紧张气氛。因为害怕被感染，很多人特意避开了我们。所有外国人，不管你的旅行路线如何，在中国都受到了怀疑。对我来说，那真是一个非常艰难的时期。不过幸运的是，这个阶段没有持续很长时间。不久，有了健康码，可以证明一个人的行动轨迹。事实证明，相信中国是我做的最好的决定。

这次疫情给人类带来了巨大的灾难，但它也使人类比以往任何时候都更加紧密地联系在一起，因为我们都认识到生命是最宝贵的，在生命面前，意识形态、种族和阶级差异都变得不再重要。疫情让我们所有人必须团结在一起，让我们都变得更加人性化。

我看中国留学生活

我在中国的那些日子

阿那萨
Agila Anas Abdulrahman Abdo Ahmed
也门

我觉得人生中最幸福的一天是来到中国的那一天。2019年12月3日10点50分,我顺利到达上海浦东机场,那一刻,我很开心。上海的机场很大,我不知道怎么出去,也不知道怎么使用机场的网络。接我的叔叔没出现,我不知道怎么联系他。那时我还不会中文,也没有看到会说英语的中国人。我一个人在机场坐了两个小时,但是我并不害怕。后来我遇到了一个会说英语的中国人,我向他借手机给叔叔打电话。原来叔叔一直在地下停车场等我呢。下午1点,我们离开了机场。一路上,我高兴极了,道路两边的树木很好看。5点半到柯桥后,我就去叔叔家休息。印象中那天天气特别冷。第二天,我跟着叔叔去医院体检;第三天,我去医院拿体检报告,然后去学校交报告和个人档案,接着就去了宿舍。

我终于来到浙江越秀外国语学院了!到宿舍的时候,有很多同学欢迎我,让我一下子没有了陌生感。日子一天一天过去,我交了很多中国朋友。我发现,他们早睡早起,喜欢喝热水,早上去跑步,与我的习惯很不一样。然而,现在我的习惯慢慢改变了,我已经适应了中国的生活。

在越秀学习汉语让我很快乐。这里有很棒的老师,他们不仅教我拼音、汉字、语法,而且还教我很多做人的道理。她们常常鼓励我,对我说:"阿那萨,你真棒!加油!"正是因为老师们的鼓励,我对汉语越来越感兴趣,也学得越来越好了!

但是第二个学期,因为疫情的暴发,我们开始了线上学习。我一共有四门课,每天学两门,每门三个小时。对我来说,上网学习有点儿麻烦,有时候会因为网络不好而听不清楚,或者画面卡住,半天不动。幸好老师们都很有耐心,也想了很多办法。此外,学院还给每个留学生找了一个语伴,真是考虑得太周到了!

在中国,除了学习汉语以外,我也认真地观察着中国。首先,中国的一些应用程序给人们的生活带来了很大的便利,特别是微信和支付宝,几乎哪儿都能用,非常方便。其次,中国不会说英语的人很多,但是学生都必须学习英语,而且我知道很多人的英语很好。第三,中国的公共交通方式很多,出行很方便。开斋节那天,我租车去千岛湖旅游,在那边住了三天,虽然宾馆有点儿贵,但是装修很好看。在千岛湖迷路的时候,我遇到一个中国人,他微笑着为我指路,让我感到很暖心。千岛湖有很多风景很美的地方,这也是我喜欢中国的一个原因,中国的风景名胜很多。第四,我在中国也看了很多电影,我特别喜欢成龙的电影,看他的电影让我很激动,因为里面有很多武打动作,这让我对中国功夫的兴趣又加深了。我还喜欢看中国的喜剧电影,比如《夏洛特烦恼》,里面的很多人物都很搞笑,他们的台词也很有趣。第五,我越来越喜欢中国菜了。刚来的时候我还吃不惯,后来慢慢适应了,现在我最喜欢吃清真菜、烤肉、火锅,还有各种各样的街头小吃。在小吃中,我最喜欢的就是海鲜,真是好吃得不得了!当然,我也慢慢学会了用筷子,我现在用筷子差不多和中国人一样熟练了!

最后,我想谢谢中国,谢谢我的母校——越秀外国语学院,谢谢我的老师、我的语伴、我的中国朋友!能和你们在中国相遇真是我最大的幸福!

100 个视角看中国

我的"超现实"中国经历

👤 阿塔那修
🌐 Athanasius Mdolo
📍 马拉维

如何才能对我的中国生活进行完整而准确的描述呢?按时间顺序可能是最合适的。2018年秋天,我来到中国,渴望开始一段新的旅程。我希望能充分利用这个很多人求之不得的机会来学习中文。我在中国的第一个小时只能用"超现实"来形容。从走出北京首都国际机场的那一刻起,我就开始注意观察周围的一切。语言障碍很快就暴露出来了,从机场到学校,我通过翻译软件打到了车。一路上,我所能做的就是惊叹于北京城区的灯光和各种高楼大厦,这与我们国家形成了鲜明的对比。

在中国的第二天,走完学校的报到程序后,是时候熟悉我的新环境了。带着我自学的打招呼用语"你好"和手机里的翻译软件,我决定去买水果。店老板和蔼可亲,显然已经习惯了校园里留学生的存在。在选好香蕉和苹果后,他跟我说了一个价钱,并指向一个二维码。我完全不知所措,可是我立刻意识到这是一种支付方式。我取出随身携带的现金，同时意识到，我迫切需要一个中国的电话号码，并注册一个支付宝或者微信账号。

一周过去了，我多次去银行办理业务，并开通了微信和支付宝账户。我对中国印象最深刻的就是科技与日常生活的深度融合。每次通过手机进行交易我都很惊讶。从第一天学会手机支付开始，我就没带过现金。从大型商店到街道两旁的小摊，都有用于支付的二维码。这种交易方式的好处很多，第一周结束的时候，我已经喜欢上这种方式了。上了一天的语言课后，我很方便地用微信小程序点了我的晚餐。

第一个月的时候，我已经熟悉并适应了我的新环境。我不仅提高了中文水平，交了新朋友，而且也加深了对这个城市的了解。要了解一个城市，离不开出行方式。对于比较近的目的地，共享单车是最方便的，有时我也会使用网约车，它的运营方式很像国外的 Uber（优步）。网约车平台很方便，我可以在附近找到司机。对于较长的距离，毫无疑问，地铁更方便，而且也便宜。虽然一开始我对路线和车站感到困惑，但很快我就熟悉了这种出行方式。当知道我要开始漫长的出行时，地铁就是我的第一选择。

科技融入日常生活的另一个表现是网上购物，中国的网购已经进入了一个全新的水平。像淘宝这样的平台在很大程度上已经成为我在中国生活的一部分。即使在新冠肺炎疫情开始前，我也很少去商店，因为网上购物太方便了。"双十一"是一个特别的日子，它点燃了网民们购物的热情。中国最大的网络销售平台淘宝 24 小时大幅降价，这是电商们最忙的一天。我的中文老师劝我们好好利用这一天，但也不要被极具吸引力的价格所诱惑。可惜的是，我们中的许多人的确被诱惑得买买买，停不下来。

在中国待了一年后，刚来时的"超现实"已经变成了我每天的"现实"，我完全习惯了这里新的生活方式。在中国，技术和所有应用程序使日常生活变得更方便，这是非常了不起的。

武汉大学的夏日记忆

    郑紫帆
    Kateryna Zavertailo
    乌克兰

    有一句老生常谈的话，人总是失去以后才懂得珍惜。这句话有可能是指健康的身体，也可能是说一段深厚的友谊或者甜蜜的爱情，甚至是某个与你擦肩而过的人。在一个炎热的夏天，我曾遇到这样一件事，让我体会到了这句话的含义。

    武汉是中国的"四大火炉"之一，每到夏天就无比炎热，因此关于武汉的夏天有很多笑话。比如，学生之间流行这样一个段子。问："武汉这么热，你怎么睡得着？"答："热晕过去就睡着了。"2014年，我第一次感受到了武汉的暑热，大中午大概有40多度吧。炽烈的阳光毫不留情地照射着整个武汉，路面的沥青似乎都要被烤化了。

    夏日的武汉大学也同样炎热。但学习不分季节，不管是热是冷，我每天都要坐校车去图书馆看书。校园内的公交车是武大的特色之一，本校师生只需要付一块钱就可以乘车，外面的人需要多加一块钱。有一天，我在留学生宿舍旁边眼巴巴地等校车。一般来说，十分钟之内你就可以听到校巴从不远处下斜坡时的刹车声。不过我等了很久，还是一点儿动静都没有，只能听到令人心烦的蝉叫声。我再也忍不住了，就问保安叔叔到底是什么情况。他告诉我,暑假期间只有值班班车,上午11:30下班,下午17:00下班。我一下子愣住了,怎么办?武汉大学的校园那么大,从宿舍到校门口,光上坡下坡就至少要走半个小时。在灼热的阳光下,这更是个挑战!在那一瞬间,我才意识到校车对于我们每个人的重要性。

看来,今天我只能走路了。走着走着,我想到了每次都那么准点的校车,想到了那些勤劳的、性格各异的司机。有些司机活泼开朗,幽默感十足。遇到这样的司机,你会感受到他们对自己职业的热爱。每次到站后,他们都会站起来帮学生把箱子放好,还会不停地重复:"往里边走!往里边走!Go back, please! 你懂吗?Thank you!"所有的学生就哄堂大笑。他们非常爱说话,特别喜欢跟留学生聊天儿。我们经常会讨论国家之间的共同点与不同之处,同时也会讲到每个国家的特点、文化的独特性。还有些司机呢,则非常沉默,他们不怎么跟学生说话,往往更喜欢听音乐。坐他们的校车是另一番感受,当斜雨敲打校车的玻璃窗时,你会享受这份宁静。特别有意思的是每天晚上10点钟的末班车。在外面吃的、喝的、玩儿的、学习的、散步的学生都会匆匆忙忙挤上末班车,车里的气氛一下子热闹起来。末班车的司机会善意地提醒学生:"上来吧!上来吧!往里边走!往里边走!"因为他们能够理解末班车对学生来说意味着什么——忙了一天,终于可以安安心心地回宿舍了。虽然车上挤得水泄不通,但是大家都超级开心,还伴有小小的成就感:我赶上了!

我们要懂得珍惜与感激身边的人和事。感恩是一把钥匙,它能打开每颗心,让心与心靠近,感受彼此的温暖。下次到武汉大学坐校车时,请记得往里面走一步吧,这也是一种感恩。

昆明留学生活

👤 郭爱丽
🌐 Phyo Thinzar Win
📍 缅甸

在很多人眼里,昆明是一个不那么发达的城市,所以大部分留学生会选择去北京、上海这样的大城市学习汉语。但对我来说,在昆明学汉语其实是一个最好的选择,因为云南省有很多少数民族,在那里不仅可以学到汉语,还可以学到少数民族的一些语言或风俗习惯,待得越久,你收获的知识就越多。而且,昆明是个很宜居的城市。说到天气吧,四季如春;说到生活吧,物价便宜,没有大城市那么高;说到旅游吧,昆明本身就有很多好玩儿的地方,从昆明出发还可以去大理、石林、九乡等风景特别美的地方旅游。

其实,昆明现在的发展速度也很快。我刚到昆明的时候发现很多人用手机付钱,那时我才意识到昆明也已经进入无现金社会了。我也很快学会了用支付宝、微信付钱。不管是线上还是线下,这种方式都很方便,像网购呀,点外卖呀,买飞机票、火车票呀,诸如此类的事情都可以在手机上解决。至于网购软件,我常用淘宝、拼多多。虽然在上面购物很方便,但你不能喜欢哪个就买哪个,否则没多久你就会变成穷光蛋了!我最喜欢的就是在淘宝上买了东西以后,只要等三四天就可以送到,非常快,而且学校快递站的服务也非常周到。

外卖对于忙碌的人或像我这样懒惰的人来说非常方便,这样的服务让我很开心,不用出去吃也不用做饭,可以节省很多时间。只要有手机和钱,就可以吃到想吃的东西。对于留学生来说,天天点外卖不仅能让你的口语进步很快,而且能让你接触到中国人不同的口音,因为老师们说话的口音和其他中国人是不太一样的。

出去玩儿的时候我都会选择地铁,几乎不坐公交车,因为昆明的地铁很干净,地铁票也不贵,而且不会堵车。即使地铁里人很多,但开着空调也会让我觉得很舒服。

我在昆明还很喜欢骑共享单车,只要用手机扫码付钱后就可以骑车上路。周末的时候,跟朋友们一起一边骑自行车一边欣赏风景是非常开心的事。对于我这样不想买车的人来说,租车是最方便实惠的。

我听说如果生病了去医院的话,费用比较高,所以我在昆明一年半的时间里都在好好照顾自己,不让自己生病,因为我觉得把钱花在吃喝玩乐上很值得,花在看病上不值得。现在因为疫情暂时不能返校,但我经常会回忆起在昆明生活的那一段幸福时光,那些都是我美好的回忆。

未名湖冰场上的回忆

陈宗真
Jongjin Nilkumhaeng
泰国

对于来自热带地区的我来说，领土南北跨越纬度近 50 度的中国具有特别丰富的气候类型，一年四季气候分明。在不同季节来到中国，会看到不一样的风景，品尝到不一样的应季水果，欣赏到不同季节的花木之美。对于我们泰国人来说，最想体验的当然是冬天。

每年的 11 月 7 日或 8 日是中国的"立冬"节气，从这一天开始就正式进入冬天了。2016 年是我第五次来中国，这距离我上次在中国过冬已有七年。一个冬日的午后，风和日丽，我吃完午饭来到北京大学的未名湖畔散步。一般说来，冬天逛未名湖的人比其他季节少，但那天却不一样，博雅塔边的未名湖畔似乎有什么活动，远远地就能听到热闹的声音。走近一看，才发现未名湖已经变成了滑冰场，一半的湖面被铁栏杆围了起来。里面又分成两部分：靠近博雅塔那一头，湖边放着很多像椅子一样的东西；而另一头的湖面上，很多人穿着冰鞋正在滑冰。看到这样的场景，我高兴得不行，赶快去排队买门票、租冰鞋。我也要体验一下未名湖上的滑冰之乐。

▼ 未名湖冰场上的回忆

排了十几分钟队之后，我拎着冰鞋走入滑冰场，这时我才知道那个像椅子的东西原来叫"冰车"。人坐在冰车上，两手各拿着一个木杆，用木杆撑地并用力向前划，冰车就能走起来。有的是自己一个人划，有的则是好几个人前后连起来，像一列小火车一样滑行在未名湖上。滑着滑着，有的单个的冰车还会加入"小火车"，使它越来越长。当几列"小火车"在湖面上行走时，有时要赶紧刹车、改变方向，以避免撞在一起，看起来真是太好玩儿了！

转过头看冰场另一边，厚实的冰面被冰鞋下的刀刮出了一道道痕迹。湖中有些人一看就知道是滑冰新手，他们小心翼翼地、慢吞吞地、一点一点地向前滑。冰面上或快或慢滑冰的人并不都是北大的学生，因为未名湖的冰场是对外开放的，所以来这里滑冰的人，男女老少各个年龄段都有。从六七岁的小朋友到退了休的老爷爷，无论滑冰技术如何，每个人脸上都是开心的表情，这就让温度0℃以下的未名湖充满了活力和热情，让手脚冰冷的我也开始热血沸腾起来，迫不及待要冲进冰场。

可是，走在冰场上才体会到穿着冰鞋的腿脚已经不听我的使唤了。想向前走，冰鞋却带我往后滑；想要拐弯，也不容易控制方向。看着别人轻轻松松地跑来跑去，我却像刚学习走路的小孩子一样，动不动就要向前向后歪倒。即便如此，也让我有了胆战心惊的乐趣。虽然很多中国人都体验过冰雪的冬天，但并非人人都是滑冰高手。不少人也跟我一样，所以冰场上慢吞吞行走的有，滑着滑着就摔倒的也有。但即便摔了会疼，我们也要坚强地一次次爬起来，勇敢地向前行。就算最后没滑几圈，我们也能从中获得愉悦，这就是拥有寒冷冬天的国家才能带给人的独特体验。

2022年2月4日，第24届冬季奥林匹克运动会在北京举行。开幕式上，我看到自己祖国和不少热带地区的国家也派运动员参加了冬奥会，这让我回想起了自己在北大未名湖上与中国人一起滑冰的时光。即便冬奥会只有短短十几天，但我相信参加北京冬奥会的运动员会和我一样怀念中国冰天雪地的风景和中国人的热情。我期待再次回到中国的冰场，再次与中国人在寒冷的冰雪上"一起向未来"。

尝试使我快乐

冯洁若
Zin Set Nyein
缅甸

2019年8月，我第三次来到云南师范大学，感到既熟悉又陌生，因为很多地方都改变了，曾经的夜市变成了一栋一栋的高楼，曾经的小吃店变成了超市，曾经的小卖部变成了华丽的酒店。短短几年，昆明发展得如此之快。

还记得2016年第一次到这里的时候，办完手续的那个晚上，我和一位学姐去逛街。刚走出学校门口，抬头一看，突然觉得自己好渺小、好无助：人山人海，该往哪里走呢？最终下定决心，先在一家奶茶店买了我的第一杯奶茶。再往前走，又看到一个很臭的东西，形状四四方方的，颜色黑黑的。我一问名字，原来叫"臭豆腐"。它成功地吸引了我的注意力，我买了一块，虽然闻着很臭，但吃起来口感却很棒，从此我就彻底爱上了它。

第二天恰好是周六，学姐约了她的几位同学带我去夜市。这天，我一次性就认识了三位不同国家的朋友，他们来自老挝、泰国和缅甸，很快我们彼此就熟悉了。在夜市，无意间我看到一个很特别的东西。它的外表是一个鸡腿，但里面却是米饭。我很好奇，便买了一个。第一口咬下去，我惊奇地叫起来："哇！怎么会有这么特别又好吃的东西？"此刻我想为自己取一个名字——乡巴佬，因为我当时的动作和表情就如同乡

▼尝试使我快乐

巴佬进城。但我这个人一向如此,只要看到新奇的东西,就会毫不犹豫地去尝试,别人取笑我也没关系。在回去的路上,我看到一家泡芙店,我不知道什么是泡芙,于是又进行了尝试。轻轻一口咬下去,怎么是空心的?再使劲儿一咬,原来里面有奶油。那种入口即化的感觉让我开心得跺起脚来,完全顾不上别人怎么想。大家边吃边笑,我很喜欢这种尝试的感觉,这是我从未有过的。

还有一次周末,我们全班约好一起去餐厅完成老师给我们的作业——品尝中国菜。我们点了满满一桌的中国菜,有麻婆豆腐、剁椒鱼头、辣子鸡、宫保鸡丁,还有红烧肉(肥而不腻)、麻辣土豆丝、酸菜鱼、韭菜豆腐汤、拌黄瓜,总共九道菜。没想到它们都有自己独特的味道,真的和上课时老师说的一样——色香味俱全。我们边吃边商量说,等明年的国庆节大家一起去北京、成都还有大理玩儿。那一刻我们谈天说地,沉浸在欢乐的聚餐时光中。本以为以后还会有很多机会聚在一起享受美食或一起旅游,但万万没想到的是出现了新冠肺炎疫情,很遗憾,现在大家很难聚在一起了。

光阴似箭,岁月如梭,转眼我们快大四了,大家相聚的机会也越来越少。我还没有尝尽中国的美食,还没有看够中国的美景,我想念课堂上与同学和老师之间的交流,我想念食堂阿姨的手艺,我想念与室友的打闹。

但愿我们人类能够战胜疫情,回到以前的生活。更希望的是我们毕业的那天能够返校,大家一起穿上学位服,和老师们一起合影。我想,这将会是我们人生中最美好、最难忘的回忆。

100个视角看中国

阳光总在风雨后

└ 格莉塔
🌐 Gretta Simbi
📍 卢旺达

去一个陌生的国家学习，对一个高中刚毕业的青少年来说，可能会有点儿令人不知所措，因为世界是那么广阔、那么多样。第一次来到中国，我远离了家人，要学习一门新语言，接触一种新文化，一开始，这一切都让我难以承受。然而，随着我对中国和中国人民越来越了解，我意识到我们之间的相似之处还是很多的。

在中国的第一年，我印象最深的是去医院那天的经历。当时我的中文水平还很差，也不习惯生活中的各种无现金支付方式。但是我要去医院看病，该怎么去呢？网约车似乎太贵了，而且我手上只有现金。于是我去问老师，她说使用百度地图会很方便，并帮我下载了这个软件。输入目的地后，百度地图清楚地显示出所有步骤，包括先从哪里骑自行车到公共汽车站或地铁站，然后怎么坐公交车或地铁。但在实际使用中，我仍然很困惑，因为我不知道怎么从我的位置来判断东南西北。我试着问周围的中国人，但是由于我糟糕的发音和有限的中文知识，想表达的词都不记得了。我记得自己当时很想哭，但后来一想，只要我做到一次，以后就都知道怎么做了。

幸运的是，一位中国朋友陪着我体验了怎么乘坐公共交通工具。她教我该坐哪条地铁线，该从哪个口进出，还有很多其他细节。原本这一切对我而言似乎都是不可能做到的,但听了她的解释,事情变得容易多了。到达医院后,我惊讶地发现中国医院的等候和排队系统与我们卢旺达的非常相似。朋友留在医院陪伴我,帮忙翻译我不懂的复杂单词。看完病有点儿晚了,所以我们用打车软件打了一辆车。这时我才惊讶地发现,原来根据你想去哪里、什么时候到达,打车软件会有不同的车型选择和折扣。那天晚上,我们还去了一家餐厅吃饭,只要扫描餐桌上的二维码,就能在手机上看到菜单。我问朋友,服务员在哪里,朋友笑着说,点完菜他们就会来。在中国,我去的地方越多,经历的事情越多,我的新发现就越多。

那天,朋友还耐心地向我介绍了很多中国现在的生活方式,原来一团乱麻让我摸不着头脑的问题经过她的解释,慢慢变得简单清楚起来。她说,如果我熟悉了中国常用的应用程序,学会了扫码支付,很多事情就会变得非常容易。她还安慰我说,来到一个新的国家,面对新的生活方式、新的文化,最重要的是,面对全新的语言,感受到压力,产生不安的情绪是很正常的,她去卢旺达的时候也有过和我同样的感受。她的话很好地缓解了我的压力和恐慌。我觉得自己很幸运,她不仅仅是一位朋友,更像是我的老师,让我慢慢适应了中国的生活。

总而言之,当我后来再遇到困难、遇到挑战的时候,我就告诉自己,即使远离家乡,也没有什么是不可能做到的。我意识到,一旦把不同的语言、文化和所有的小细节放在一边,不管是中国、卢旺达、肯尼亚、美国、加拿大还是其他任何国家,我们都是一样的。

作为一名在中国的外国人,我很感激自己生活在一个安全的国家。只要我付出必要的努力,我就可以自由地成为我想成为的人。我很高兴克服了刚来中国时的恐慌,并且越来越喜欢中国。我要好好利用在中国留学的机会,感受中国文化和生活中所有的变化。我期待的不仅是让那些相信我的人和我自己感到自豪,而且还希望今后能开启一段更为冒险的旅程。

梅花香自苦寒来

图雅
Tuya Kula
纳米比亚

"宝剑锋从磨砺出,梅花香自苦寒来。"这是我最喜欢的中国诗句,也是我的人生写照。我喜欢梅花,也常画梅花。它位列中国十大名花之首,与兰花、竹子、菊花并称为"花中四君子",与松树、竹子并称为"岁寒三友"。在中国传统文化中,梅花代表着坚韧不拔、高洁谦虚的品格,激励着人们奋发向上。

我的梦想是成为一名出色的形象设计师,我很幸运能在母亲的全力支持下来到中国学习。我就读于大连工业大学,所学专业为服装与服饰设计(形象设计方向)。在大学里,我学习了大量专业知识,接触了博大的中国传统文化,结交了许多良师益友,这让我觉得来中国留学是我人生中做出的最正确的决定。然而,在过去的4年里,我的家庭遭遇了一些变故,经济情况大不如前,我不得不逐渐告别了原本无忧无虑的生活。在这期间我无助过、迷茫过、退缩过,幸好有我的中国老师耐心开导我、鼓励我,给予我力量;有我的中国同学陪伴我、安慰我,给予我温暖。我也不甘心荒废我的学业,暗下决心要学有所成,让母亲以我为荣。在那段时间,我逐渐理解了"梅花香自苦寒来"的真正含义:只有经过磨砺,克服困难,才能拥有美好的品质,收获令人满意的结果。从此,我更加珍惜留学时光,用心钻研专业知识,在课余时间积极参加各

▼ 梅花香自苦寒来

种实践活动。我主动在各大服装盛事上承担为选手化妆的任务,如大连国际服装节、大连春秋季的时装周、中国国际大学生时装周等等。工作期间,我任劳任怨,无论是工作态度还是专业素养,都得到了专业人士的认可与称赞,我深感快乐。

同时,我也不断探索中国传统文化,我发现它真的很鼓舞人心,也非常有趣。我喜欢中国画,尤其喜爱宋徽宗的花鸟画。闲暇时间,我时常陶醉于水墨丹青之中,执一支毛笔,蘸些许墨彩,绘一树梅花。红的像火、粉的像霞、白的像雪……学校对我的兴趣爱好也给予了极大的支持和帮助。2021年,在学校的鼓励下,我参加了由中非合作论坛中方后续行动委员会秘书处和中国外文局联合主办、辽宁省教育厅协办的"中国与非洲"影像作品大赛。我的《水墨丹青展才艺,浓墨重彩话中国》短视频在北京周报官网进行展播,得到了1万余票,获得了省级最佳音画设计奖、国家级三等奖,我作为纳米比亚唯一的获奖代表进行全球直播发言。这段美好的经历将令我终生难忘,也会激励着我继续前行,不断进步。

我爱中国,她就像我的第二个家。在过去的几年里,独自一人在中国学习让我变得更加独立,也更有责任感。我是幸运的,不但能学习到中国文化,还能通过参加活动来与大家分享我对中国文化的感受。我希望能有更多的国际学生和我一样来到中国,了解中国,讲述自己的中国故事。

100 个视角看中国

疫情之下，我在中国留学

李文龙
Thanya Saeyang
泰国

2020 年，突如其来的新冠肺炎疫情席卷世界。因为疫情的缘故，我在留学中国两年间没法回到泰国。随着时间的流逝，我的内心对祖国、对亲人、对同学朋友都充满思念。疫情给了我不一样的留学生活，但每每回忆起来，留下的都是美好。

2019 年秋天，获得奖学金的我兴奋地离开泰国，来到中国，就读于沈阳师范大学。上课第一天，当我怀着忐忑的心情走进教室时，遇到了一位年长的女士。她热情开朗，言语和善，我以为她是我的老师，没想到她竟然是我的同学久保——后来她成了我的"日本妈妈"！在她的引领下，我和班里其他同学逐渐熟悉起来。我们班有 9 个国家的同学一起上课，大家携手进步，遇到任何困难都共同面对。一个班级就像是一个国际大家庭，同学们就像是兄弟姐妹一样。

第一学期期末，我们在教室里聚餐。当桌子上摆满琳琅满目的各国特色美食时，我们开开心心地品尝，热热闹闹地聊天儿，高高兴兴地合影。真庆幸我有天底下最棒的老师和同学！

除了同学，我还认识了很多新朋友，无论是外国人还是中国人，都特别友好。我最亲密的朋友来自印度尼西亚。来自热带的我们，迫不及待地相约去东北亚滑雪场滑雪，又乘兴去哈尔滨国际冰雪节看冰雕、雪雕和冰灯。冰天雪地中的我们，忍受着刺骨的冷，却依然哈着冷气，在中央大街吃着著名的马迭尔雪糕。这样"美丽冻人"的经历让我终生难忘。那段快乐的时光也定格成一张张照片，每次滑动手机翻看，都让我怀念不已。

在中国这段时间，我认识了许多老师，每位老师都让我崇拜。比如班主任孙老师与同学们真诚相处，用爱与学生沟通，无论遇到什么困难，我们总会得到她有益的指导。还有文学课赵老师，指导我朗诵《将进酒》《短歌行》，参加第二届中华经典诵写讲大赛和辽宁省高校中外大学生中华经典诵读大赛，丰富了我因疫情而略显暗淡的留学生活，为我打开了一扇欣赏文学的窗户。我每天坚持练习，从声调准确到感情投入，从完美诠释到身心融入，花费了几个月的时间。最终我在比赛中获得了国家级三等奖、辽宁省一等奖的好成绩。我的心里充满了幸福感，这样的成绩也更激发了我对中国古典诗词的热爱。

疫情让我的留学生活遇到了前所未有的挑战，我特别想家，想念爸爸妈妈和弟弟，想念女朋友，我想拥抱他们；我想和国内的朋友们一起看电影，像以前一样。很遗憾，疫情阻隔了这样的生活和愿望，但是这两年，我也学会了独立面对生活，学会了细心和谨慎，学会了调整心态，学会了更加坚强。因为有家人的支持、老师的鼓励、同学朋友的帮助，在中国留学的我并不孤独！

一个人出国留学就像走上一条挑战之路，有痛苦，有离别，更有幸福，我从自己经历过的事情中学会了成长。我要特别感谢学校和老师们保证了我们留学生的安全！

会划船的人不怕风急浪大，会走山路的人不怕山高路险。只要你够强，就没有什么克服不了的难关。既然选择了留学中国，我就会坚定地前行。2022年2月北京冬奥会的每一天，我都被感动着，奥运精神鼓舞着我们每一个留学生，我知道，我会跟我的老师和同学"一起向未来"！

我看中国美食

100个视角看中国

畅游中国,随心吃喝
——留学生喜欢的五大中国菜

 康塔琳
 Khanthaly Hongmany
 老挝

  众所周知,中国是个美食大国。中华饮食文化博大精深,源远流长,享誉世界。中国人对吃很讲究,不只是一日三餐,填饱肚子,还讲究食物的色香味。中国美食有着丰富的文化底蕴。来中国旅游或学习的外国人都会把享受地道中国特色美食作为目的之一。

  作为一名留学生,我排出了我们最爱吃的五大中国菜。

1. 黄焖鸡

  我去过中国的很多地方,吃过很多中国食物,但记忆最深的就是黄焖鸡米饭了,因为这是我和朋友在中国吃的第一顿饭。它主要由鸡腿肉和青椒、土豆、香菇等焖制而成,既有肉质鲜美嫩滑的特点,又保留了其他配菜的清香。一口下去,又香又辣又鲜。黄焖鸡可以说是老挝人和泰国人最喜欢吃的一道菜,我们可以每天吃都不觉得腻。如果不知道今天吃什么,那就来个黄焖鸡吧。

2. 麻辣烫

  在寒冷的日子里,吃点儿热的东西会让我们感到温暖,充满能量,特别是在异国他乡。在中国的这些冬天,麻辣烫经常陪伴我们。麻辣烫的食材很多,比如鱼、肉、豆制品、酸菜、各种蔬菜等,它的底汤配料也是一绝。留学生之所以喜欢麻辣烫,是因为有许多食物我们吃不习惯,

▼ 畅游中国，随心吃喝——留学生喜欢的五大中国菜

而麻辣烫可以自选食材，自选辣度。可以说，麻辣烫是一道"千人千味"的食物，而且麻辣烫便宜实惠，品类众多，所以深受喜爱。

3. 麻婆豆腐

这是一道非常神奇的菜。我身边所有的留学生，只要吃过这道菜，无不拍手叫绝，而且还有许多同学特意去学这道菜的做法！麻婆豆腐食材很简单，只有豆腐和肉末（可以是牛肉或猪肉），口味又麻又辣，是川菜的代表。关于麻婆豆腐，还有一个非常有趣的小故事呢！相传在清朝末年，成都一家小饭馆来了很多人，但店里没什么菜了，老板娘急中生智，把豆腐、牛肉末放进油锅里炒，再加上辣椒、花椒、豆瓣酱做成了一道菜。没想到，这道菜麻、

辣、鲜、嫩，美味可口，十分受欢迎，成了他家的招牌菜。因为老板娘脸上有麻子，所以后来这道菜就被称为麻婆豆腐，名扬全国。麻婆豆腐色香味俱全，虽然食材简单，但靠着美味俘获了所有人的芳心，从一道普通家常菜变成了国际名菜。

4. 饺子

饺子是深受中国人民喜爱的传统特色食品之一，中国的大小节日都有吃饺子的习俗。中国有一句俗语——"好吃不过饺子"，可见饺子的影响之大。饺子馅儿可以是猪肉、牛肉、羊肉，也可是蟹肉、鱼肉、虾仁等。它的烹饪方法也多种多样，可以煮、蒸、煎、炸、烤等。现在吃饺子这一习俗风靡全球，许多外国人不仅爱吃饺子，还学着自己包饺子。虽然包得七扭八歪，但是他们乐此不疲。他们沉浸在包饺子的乐趣和吃饺子的享受中。饺子是美食，也是桥梁，它联结起了世界各国的美食爱好者，让大家更加了解和喜爱中国的美食文化。

5. 红烧肉

红烧肉也是我们留学生喜爱的一道菜，看起来就令人非常有食欲。红烧肉口味香甜软糯，肥而不腻，入口即化，老少皆宜，是不爱吃辣的人的福音。

可以看出，留学生喜爱的中国菜大多是家常菜，因为学生经济上不富裕，平时只能吃一些简单的食物，偶尔才能吃到大餐。上面介绍的只是我们爱吃的一小部分，留学生感兴趣的中国菜还有很多，比如各个地方的早餐、街头小吃、月饼、粽子、汤圆等等。

中国地大物博，饮食习惯也多种多样。我们留学生闲暇时喜欢到处游玩，在看遍中国名山大川、欣赏美景的同时也可以享受当地的特色美食。我相信，视觉和味觉的双重享受一定会让每一个来中国的留学生不虚此行！

▼ 四川美食：就像远方的家

四川美食：就像远方的家

思言
Sandra C. Obiora
尼日利亚

有没有那么一道菜，好吃到让你觉得自己好像得到了一个温暖的拥抱？你有没有因为菜太好吃而吃得停不下来？这正是你面对四川美食时经常会发生的情况。还记得第一次去成都，经历了20个小时的跨洲旅行后，我时差颠倒，肚子饿极了，折腾行李又弄得疲惫不堪，而且对于陌生环境中未知的一切感到焦虑不安。当时，我唯一的想法就是找个地方好好吃一顿。我祈祷这些食物能合我的口味。很幸运，成都菜满足了我的肠胃，安抚了我不安的心情。

我还记得有一次跟着高年级学长去学校的一个食堂，他给我点了一份牛肉炒饭。吃第一口时，我惊喜地发现辣度、咸度都适中，辣椒的味道也很独特，后来我知道那是四川特有的一种辣椒。我永远不会忘记这道菜是如何打动我的，就像一个未知

的负担被解除了。这让我觉得一切都会好起来的,我生命的下一阶段也会很好。吃了这顿简单的饭,就好像有一只安慰的手放在了我的肩膀上。我的心情舒畅了,同时也激发了我去尝试其他菜的热情。

后来,我在成都吃过了火锅、干锅、冒菜和小面。在电子科技大学的商业街,你可以在餐馆里挑选新鲜的蔬菜,然后立即把它们放进美味的汤汁中煮熟,叫作"麻辣烫",这使吃蔬菜变得更有趣。而且你可以自己决定辣度,我个人更喜欢"微辣"。在尼日利亚,我们的菜通常和川菜一样油腻,一样又辣又咸。因此,对于熟悉这种口味的国家的人来说,川菜与我们"一拍即合"。在我们大学里,尼日利亚的学生经常聚在几个干锅或冒菜周围,开怀大笑,一边享受美食,一边交流最近发生

▼ 四川美食：就像远方的家

的事情。

除了四川菜，我认为四川人，尤其成都人也是独一无二的。我在中国的好几个城市生活和旅行过，包括北京、上海、西安、重庆、三亚。不过，我从来没有遇到过比成都人更热情好客的人。友善、好客和悠闲似乎是成都人的天性。他们的茶馆和饮茶传统总是让我印象深刻，在这里，你会发现很多只想休息的人。他们聚在一起，喝茶，聊天儿，打麻将，有时一待就是一整天。社交和享受生活中的小乐趣似乎是他们代代相传的一种生活方式。在快节奏的中国，生活在一个稍微放松和愉快一点儿的城市真的是一种新鲜的体验。难怪成都这座城市经常跻身"中国最具幸福感的城市"之列。

作为一个外国人，我必须要说，成都最吸引人的地方不仅是熊猫，还有这么多物美价廉的美食。夏天不太热、冬天也不太冷的温和气候无疑增加了这里生活的整体舒适度。如果你以前从没来过中国，如果想知道在中国暂居、学习、工作首选哪个城市，我一定会推荐成都。天气好，人很好，川剧体验很有趣，熊猫绝对可爱，美食更是一个大大的惊喜！

100个视角看中国

中国传统食物——
北京烤鸭和粽子

  菲利普
🌐 Yameogo Philippe
📍 布基纳法索

  中国是美食天堂。在各种传统食物中,北京烤鸭和粽子是我最喜欢的。这两种食物的味道和制作方法给我留下了深刻的印象。正如盖伊·菲利所说:"品尝食物不仅仅是补充能量,也是一种体验。"

  鸭肉是中餐里很常见的肉类,北京烤鸭是北京最著名的菜,也是中国十大名菜之一。然而,第一次听到"北京烤鸭"这个名字是在我的初级汉语课上。老师对这道菜的描述使我很想马上尝一尝。从那天起,北京烤鸭就成了学校食堂里我最喜欢的食物。吃北京烤鸭的方式是很有趣的:先把切成片的鸭皮和鸭肉放在荷叶饼上,然后加几根葱条和黄瓜条,最后抹一些甜面酱,把荷叶饼卷起来。一口咬下去,真是无比满足。

  粽子是端午节的特色食物。端午节在每年农历的五月初五。传说端午节吃粽子的习俗与

▼ 中国传统食物——北京烤鸭和粽子

屈原（约前340—前278）有关，他是中国古代伟大的爱国诗人，是战国时期楚国的忠臣。每到端午节前后，在家里和学校食堂都能吃到粽子。中国各地的粽子种类繁多，在大小、形状和馅料上各有不同。粽子的形状有三角形或金字塔形；味道有咸的，有甜的；馅料有蛋黄、栗子、豆沙、蜜枣、鲜肉、火腿等等。

有一年端午节，我和其他留学生一起参加了海淀区学院路街道开展的端午节主题活动，包粽子是活动中最精彩的部分。我吃过很多次粽子，但包粽子还是第一次。正如一句名言所说："告诉我，我会忘记；教给我，我可能记住；让我参与，我才能学会。"

我们包的是甜粽子，要用到糯米、红豆、红枣等食材，当然还需要粽叶和绳子。粽叶要提前浸泡在水中，糯米和红豆混合前也要提前浸泡。然后，用两三片粽叶做成一个狭窄的圆锥体，在里面先放上枣，再把米和红豆加进去。然后把粽叶的顶部折叠起来，完全盖住糯米。最后，将剩余的叶子包裹起来，确保没有开口，再用线将粽子绑成圆锥体的形状。最后这个步骤是最难的，我失败了很多次，但在经验丰富的大妈的指导下，我终于成功了。包好后就可以煮粽子了。煮的时候，把粽子放在锅里，加上水，煮90分钟到2小时，视粽子的大小而定。所有的食材（糯米、红豆和红枣）煮熟后会黏在一起，打开时还会保持原有的形状。吃粽子时，只需要剥去粽叶就行了。

这段美好的经历让我感受到了中国人是如何与他们的文化紧密相连的，而这种庆祝活动正是将传统文化传给下一代的最好方式。中国和中国人民的伟大之处在于他们热爱自己的文化并代代相传，中国的传统食品也因此流传千年。所有来中国的外国人，一定要记得去品尝美味的北京烤鸭和粽子呀！

同学，吃了吗？

郑紫帆
Kateryna Zavertailo
乌克兰

"紫帆，吃饭了吗？对了，论文的第二部分写完了吗？"

"写完了，老师。今天晚上我会发给您。"

论文很重要，但首先要解决吃饭的问题……

在中国11年，我一直不太习惯这种不寻常的问候，总是感到有点儿滑稽或尴尬。该回答什么呢？吃了？还没吃？还来不及吃？还不想吃？……有一次，我告诉老师我还没吃饭，那时午餐时间已经过去很久了。老师便十分担心起我来，担心一个外国学生在中国这个举世闻名的美食国度里挨饿！老师还告诉我按时吃饭和均衡饮食的重要性，并向我推荐了学校附近几个不错的餐厅。真好玩儿！后来，凡是碰到同样的询问，我总是清晰而热情地回答："吃了，吃了！"

在中国，早餐和午餐一样重要。对于很多外国人来说，早晨常常从一杯热咖啡开始。而中国人呢，他们更喜欢用一杯香甜的豆浆开启繁忙的一天，当然，两个热乎乎的包子也不可少。乌克兰的早餐一般是燕麦片、咖啡、牛奶、三明治或者奶酪。到中国后，我才发现有这么特别的早餐搭配：豆汁儿、热干面、欢喜坨（类似麻团），还有韭菜馅儿的包子！每天早上上课之前，我都会跑到学生食堂，加入到中国学生长长的队伍中，拿起一杯热气腾腾的豆浆，感觉自己就像是当地人一样。

▼ 同学，吃了吗？

食堂阿姨特别喜欢与我聊天儿，在打饭的窗口，她们总是好奇地与我寒暄：

"美女，你来自哪里？"

"乌克兰。"

第二天，她们又问：

"你学了多长时间汉语了？"

"十多年了。"

第三天，她们继续问：

"喜不喜欢在中国生活？"

"喜欢！"

"你最爱吃什么？"

"糖醋鸡丁，还有火锅。"

你必须清楚快速地进行回答，因为身后饥饿的学生已经忍不住要涌到打饭的窗口了。

学生食堂的食物是一种特殊的艺术。一张张整齐排列的长桌子上摆放着各种各样不同价格的菜肴：蔬菜、肉类、鱼类、鸡蛋、海鲜、水果等等。在食堂尽头，一张大大的铁桌上，一个年轻人正在做拉面。他用力地揉着面团并巧妙地将面团在桌面上一次又一次地拉伸、摔打。神奇的是，面团在他手里慢慢变成了又细又长的面条儿。网上曾经对中国各大学的食堂进行评级，包括中国农业大学（北京）、首都经济贸易大学（北京）、中央民族大学（北京）、陕西师范大学（西安）、华中科技大学（武汉）、四川大学（成都）、南京航空航天大学、南京大学、同济大学（上海），等等。例如，首都经济贸易大学食堂的麻辣香锅，有32种口味供你选择（麻辣香锅发源于重庆，多种食材可任意搭配）；而中央民族大学有14个风味餐厅，涵盖了四川、湖北、云南、浙江、北京、上海、重庆、广西等不同地方的风味菜肴，此外还有朝鲜菜和日本菜。各大学之间的菜肴大比拼让学生们用低廉的价格就能享受来自全国甚至世界的美食，深受学生欢迎，所以大学食堂做的菜也被学生们戏称为中国的"第九大菜系"。那么，同学，你今天吃了吗？

体验中国节日美食——粽子

萨图宁
Saturnin Zigani
布基纳法索

在河北省曲周县进行农业实践的时候，我第一次有机会尝试中国的传统节日食物——粽子。我尝了一下，有点儿黏，但很甜。我一次吃完了三个粽子。曲周的中国朋友曾试图向我讲解粽子在中国文化中的故事和重要性，但由于语言障碍未能成功。她还答应教我如何包粽子，但那时我的时间不允许，我要回北京了。我很遗憾错过了那次文化交流的机会。

幸运的是，半年后的一天，学院办公室让我和其他七个同学一起参加"讲民俗、庆端午"主题活动，主要内容就是包粽子。我急切地想去弥补之前错过的那次学习机会。在这次活动上，我了解到了粽子的历史，以及它在中国文化中的重要性。原来，粽子在中国的起源可以追

▼ 体验中国节日美食——粽子

溯到春秋战国时期（前770年—前221年）。粽子最初用于祭祀祖先和神灵。从晋朝（266年—420年）开始，粽子就成了端午节的标志性食物。

除了知识的介绍，活动上最轻松愉快的是实践环节。学院请了一些有经验的老人教我们包粽子。我们用的原料是糯米、红枣和豆子。将这些浸泡过的原料放入粽叶中，用线捆扎，就能包出一个三角形的粽子了。那天我再次幸运地品尝到了这种特色食物，度过了一段美好的时光。

当我在微信朋友圈分享这次活动的照片时，很多人给我点了赞，还有一个广州的朋友买了不同种类的粽子寄给我。那时候我才知道原来还有其他种类和口味的粽子，有咸的、甜的，有肉的、水果的、鱼的。我与来自塞内加尔、赞比亚、莫桑比克和坦桑尼亚的朋友们分享了这些粽子。这次活动结束后一周，我又自己包了一次粽子，还创造性地加入了大蒜和蜂蜜。

我们国家有一种食物和粽子很像，叫Gonré，是用碾碎的小米、玉米或豇豆做成的，外面也要包裹一些新鲜的叶子，煮熟后可以蘸着调料吃。Gonré是在葬礼或食物紧缺时制作的，一般是八月和九月初，因为这个时候一些贫困家庭的粮食储备已经耗尽，有必要在收玉米时添加富含蛋白质的豆科植物的叶子来维持生存。但不幸的是，像其他食物一样，Gonré正在城市中消失，取而代之的是面条儿之类的食物。

总之，我非常感谢我们学院举办的这个活动，让中国的年轻一代以及外国人能够分享中国祖先留下来的饮食习惯，使这种文化代代相传。正如一句谚语所说："为了更好地前进，你必须知道你来自哪里。"我真心建议在布基纳法索的中学和大学开展同样的活动，传承传统美食，保护那些正在消失的饮食文化。

100个视角看中国

老北京的**精酿**啤酒

  李云起
🌐 Keaghan Strang
📍 加拿大

  作为一个喜欢时不时享受一杯佳酿的外国人，来中国前我有点儿担心，因为在啤酒酿造方面，中国似乎并不是很擅长。并不是说中国没有好啤酒，只是啤酒对中国的文化意义似乎不大。中国的白酒、黄酒等其他类型的酒通常都有很长的历史，而精酿啤酒直到近些年才开始在中国流行。

  在中国买啤酒，绝对是一分钱一分货。刚到中国的时候，身边很多同学喝的啤酒一点儿都不好，但一瓶也要几块钱。如果你真的想在中国享受一杯优质的精酿啤酒，得花高一点儿的价钱，就像在国外一样。在中国的第一年，我也属于资金紧张的学生，所以我没去找最好的酒吧喝最好的啤酒，而是以最低的成本享受蓝带、银子弹、百威等超市就能买到的啤酒。

  后来在中国待久了，我才发现像京A啤酒、悠航鲜啤、大跃啤酒和熊猫精酿这样的中国国产品牌，我才意识到，其实中国的手工酿酒并不短缺。我去这些地方不仅是为了喝啤酒，也是为了体验中国风味和不同啤酒中的不同配料。他们不仅提供有趣的新口味的啤酒，酒吧的气氛和食物也让人感到愉快。作为一个世界各国文化的爱好者，我非常享受将中国风味与西餐融合在一起的体验。起初，这样的手工酿酒吧是我与几

▼ 老北京的精酿啤酒

个外国朋友见面、聊天儿、回忆家乡的地方,但后来我注意到,越来越多的中国朋友也有兴趣在这样的酒吧喝酒、吃饭了。

除了中国本土的精酿啤酒,我还和很多中国朋友一起去探寻提供进口精酿啤酒的小酒吧。这样的酒吧分布在北京的各个角落,特别是胡同里。胡同是我最喜欢的地方,经常逛一逛,会发现新的商店、酒吧和餐馆。不久前有一次,一个朋友邀请我和一群朋友去酒吧狂欢。我们在北京著名的南锣鼓巷附近吃了一顿大餐、喝了几瓶白酒后,就步行去附近的酒吧喝啤酒。那天晚上,我们在北京市中心的胡同里闲逛,在三家不同的小酒吧喝了精酿啤酒。这可能不是我常做的事,但这样与朋友一起聚会对我来说是一次很棒的经历,可以让我更多地了解中国文化。

不过,我最有趣的喝啤酒的经历并不是在酒吧。2020年春天,由于疫情的原因,我没能返回学校宿舍,一位中国朋友好心地联系了我,让我去他家住了几个月。在他家我发现,他非常喜欢啤酒和威士忌,还会自己酿造啤酒,自己蒸馏威士忌。他曾在加拿大留学(离我长大的地方不远),还去过苏格兰(我的祖先大多来自那里),所以他对酿酒很有经验。那段时间,我可以经常品尝到他亲手酿的各种啤酒、苹果酒或威士忌。我们一边喝酒,一边吃饭,一边聊天儿。我不仅看到了国外的生活对他和他的家庭的影响,也开始意识到中国对我的影响也越来越大。虽然喝酒可能不是我生活的常态,但偶尔和朋友喝一杯肯定会有收获。

171

北京咖啡文化记忆

👤 杨依婷
🌐 Yeong Yi Ting
📍 马来西亚

2016年9月初秋之时,我来到中国北京开启了留学之旅。早在来中国之前,我就爱沉浸在咖啡的香气之中。我品尝咖啡的习惯始于马来西亚,但真正让我探索咖啡文化的地方是北京。

深受马来西亚多元文化的影响,我掌握了多门语言,包括马来语、汉语和英语。"咖啡"一词,在我所掌握的语言及方言中都有着相似的发音,比如英语"coffee",马来语"kopi",闽南语"嗑呸",粤语"ga-fe",相似的发音一下子就拉近了不同文化之间的距离。每当我脑海中浮现出咖啡的影子,咖啡的香气仿佛就在身边,于是我用足迹画出了属于我的独一无二的北京咖啡地图。

2018年11月初冬,我在网上看到的一家"Berry Beans"咖啡店就深深地吸引了我。这家店坐落于北京西城区朱家胡同7号,是一家开在四合院里的咖啡馆。尤记得我看着百度地图穿梭于胡同之间,在大爷大妈的交谈声与傍晚时分的虫鸣声中找到了这家店。这家咖啡店有个露台,老板说可以体验"上房揭瓦"的乐趣。然而当时天色已晚,

寒冷的冬天也不允许我这么做。那天我跟其他顾客一起坐在吧台边喝咖啡,这是我第一次与中国人有这么深入的交流。我沉浸在大爷说的北京胡同的故事中,一杯又一杯地畅饮,一遍又一遍地感叹:原来北京的胡同文化如此有意思!

冬去春来,我时常到店里以"熟客"的身份坐坐吧台,偶尔"上房揭瓦",喝点儿新品咖啡,畅谈生活的点点滴滴。咖啡店的店员和熟客就如同我在北京的"家人",他们给我送来关心和温暖,为我的留学生活铺满了有咖啡香气的回忆。

除了这家我最爱的咖啡馆,北京的咖啡馆近些年更是遍地开花。结合了药食同源文化的北京同仁堂咖啡馆,着实让我感到惊喜。枸杞拿铁和罗汉果美式特色咖啡让我感叹咖啡的变化就与中国迅速发展的步伐一样,源源不断地带给我全新的体验。还有陪伴了我无数个奋斗日夜的咖啡品牌——瑞幸咖啡,平价又好喝。他们家最近还和中国特有品牌"椰树牌"椰汁合作了一款"椰云拿铁",浓浓的热带风情好像把我带回了马来西亚。

2022年我就毕业回国了,但我想,这段属于我的独一无二、富有香气的北京咖啡文化记忆将会漂洋过海,跟我一起回家,走向远方。

学习包饺子

哈卡
Prince Dhakal
尼泊尔

我来自尼泊尔,熟悉我的国家的人都知道,可以说没有一个尼泊尔人不喜欢吃饺子,饺子对我们来说就像国民食品。来中国之前我就兴奋不已,因为我终于有机会尝试中国的饺子了。我认为自己有点儿像美食家,饮食文化让我着迷,我也很喜欢自己动手来烹饪。

不过来到中国后,我发现用筷子吃饺子还是很有挑战性的。因为蒸或煮过的饺子有点儿滑,有些难夹住,我花了不少时间才学会这个技巧。现在我不仅能用筷子吃饺子,还能熟练地使用筷子吃其他食物。我尝试了各种形状和大小的饺子,比如在天津吃过一种很大的饺子,吃一个就有点儿饱了。在中国,不同形状、不同大小的饺子一般都有不同的名称,我认为将它们笼统地翻译成一个英语单词并不准确。我还注意到,中国的饺子大多是水煮的,虽然也很好吃,但我更喜欢蒸的。如果不仔细观察,也许很难发现蒸的和煮的在外观

▼ 学习包饺子

上有什么明显的区别。

我认为一起做饭可以增进人们之间的友谊,是一件很迷人、很有趣的事情。在中国,一起做饭、吃饭是一种非常重要的、常见的社会交往方式。我经常在周末和中国朋友见面,并且花几个小时一起做饭,玩儿得十分开心。当吃着我们亲手做出来的食物时,我感到非常满足,心里很有成就感。有一次临近春节的时候,我邀请了几个中国朋友来家里,大家决定一起包饺子吃。我跟着中国朋友学习擀面皮,往擀好的面皮上放肉馅,再把面皮沿着边缘捏起来。经过几次练习,我也能做出一些看起来还像样的饺子了。当天我们还做了麻婆豆腐和番茄炒蛋,这两个菜配着米饭吃很美味,中国大街小巷的餐馆里一般都有这两道菜,推荐你去试试。

中国的饮食文化非常丰富,从北方到南方,有无数种美食等着你去尝试,也等着你去学习它们的做法。多去探索和尝试一些当地的餐馆,一定会让你品尝到正宗的中国风味。

又辣又香的重庆美食

* 李云起
* Keaghan Strang
* 加拿大

虽然中国人通常都很谦虚，但他们内心肯定对自己的国家、历史、民族文化，当然还有美食感到骄傲！毫无疑问，中国菜是我知道的最丰富多样的。它口味众多，可以满足任何人的口味要求。由于中国幅员辽阔，地理位置独特，民族众多，所以不同地区的美食差异很大。无论你走到哪里，都能品尝到各具特色的地方菜肴。

在中国五年，我不断探索，并有幸品尝了来自全国各地的美味佳肴。在我的旅途中，大多数中国人遇到我时除了问我从哪里来之外，还总是好奇我是否习惯中国的食物。对此，我总是回答："除了各种动物的脚，我什么都吃。"猪脑、猪肠、猪胃、牛肚、鸭血、鸡心和炒肝，这些都没问题。当我吃重庆火锅的时候，我当然不会要求少辣。

说到动物内脏和重庆火锅，有一年寒假我连着去了两次重庆。第一次旅行是为了体验当地美食，第二次是因为没过几天，我又想吃重庆火锅了。

那一次，我刚刚在山城重庆的酒店安顿下来，就因为路上一下午的

▼ 又辣又香的重庆美食

颠簸感到饥饿。浏览了大众点评（在中国,"吃货"们经常使用这个应用程序来寻找当地美食和热门餐厅）后,我在附近找到了一家提供正宗重庆菜的餐厅。餐厅隐藏在一条小巷子里,外面有几张桌子,里面还有几张。点菜时,我说要一份菜单,他们礼貌地回答,菜单在墙上。墙上贴着一张纸,写着"芋头鸡肉锅,大锅175元,小锅145元"。原来他们只提供一道菜。我选择了小锅,一个人吃应该绰绰有余。

几分钟后,一口大钢锅端到了我的桌子上,服务员告诉我,如果太辣,可以加点儿香油。我礼貌地拒绝了,想像当地人一样品尝正宗美食。芋头和鸡肉口味辛辣,有一种非常浓郁的独特风味。对一些人来说,这道菜的辛辣可能会妨碍他们品尝这种味道。然而,对于那些喜欢吃辣的人来说,这道菜提供了一系列丰富的口感,使味蕾得到了极大的满足。尽管小锅分量很大,我还是都吃完了。

第二天白天,我去了武隆喀斯特旅游区,晚上及时赶回来吃了一顿令人垂涎的夜宵——串串火锅,这是当地的一种特色火锅,把肉、内脏和蔬菜串一起放在辣汤中煮熟。再一次,我穿过迷宫般的街道找到了那家隐藏在住宅区里的餐馆。到达后,我首先选择了他们招牌的麻辣汤底,然后将各种串串堆在两个托盘上。我再次享受到了重庆当地美食的浓郁香气和给舌头带来的麻木感。

吃了一会儿,餐厅的阿姨发现我的辣度没有问题,便建议我多加辣椒、花椒和火锅底油。我欣然接受,不久她又给我点了新鲜的鸭血和猪脑。当我正沉浸在美味中时,无意中听到她在和一些中国顾客（不是重庆当地人）开玩笑:"你们点了微辣的锅底,那边的老外在吃特辣呢!"她的话语和表情让我很兴奋,但同时我也理解顾客,因为在中国,并不是每个地区的人都这么能吃辣的。

接下来的几天,我继续品尝当地美食,吃着不同餐馆的重庆小面和火锅。我也很幸运地认识了一位当地的朋友,他多次带我出去尝试传统的重庆老火锅。虽然日复一日地吃了无数的辛辣食物之后,我的肠胃可能已经开始"抗议"了,但我仍然渴望下次再来重庆。

学

几点了 = What t
Jǐ diǎn le

八点二十五

我看汉语汉字

我与汉语的美好邂逅

黎氏庆泠
Le Thi Khanh Linh
越南

提起学习汉语和留学中国，我认为也许这是一场命中注定的缘分。我还清楚地记得那是 2016 年 4 月，因为临近毕业，有很多空闲时间，我决定开始学习汉语。我的英语也挺不错，我一直以为自己会在西方的某个国家留学。没想到，这段学习汉语的经历改变了我的命运。

我的第一位中文老师是越南人，因为她的老公是中国人，所以她不仅汉语说得很流利，而且对中国社会、中国人的生活也很了解。在她的影响下，我学汉语的时间越长，就越觉得汉语有趣；跟中文老师交流得越多，就越喜欢中国。不知从什么时候起，我决定到中国留学。

2018 年 9 月，我如愿来到武汉中南财经政法大学学习国际法。上专业课时，我们只需要用英语交流就够了，但是我对汉语情有独钟。为了提高汉语水平，课后我交了很多中国朋友，常常跟他们一边玩儿一边练习汉语。对我来说，学习英语和学习汉语有着非常大的差别。学习英语，我是用脑子来记忆语法和生词的；而学习汉语时，我是用心来感受这种语言的。

每次跟中国人交流，我几乎都能感受到汉语的灵魂。比如汉语中有很多"吧、啊、呢、哈"这样的语气词，英语中并没有这类词。语气

词的意义和用法一般不能用语言清楚地解释出来,只有用心才能感受得到。说汉语时我很喜欢使用语气词,比如说,"我们去逛街吧"就比"我们去逛街"礼貌得多,语气柔和得多。但我发现,西方国家的留学生就很少用这些语气词,可能是因为他们感受不到语气词所表达的意义。

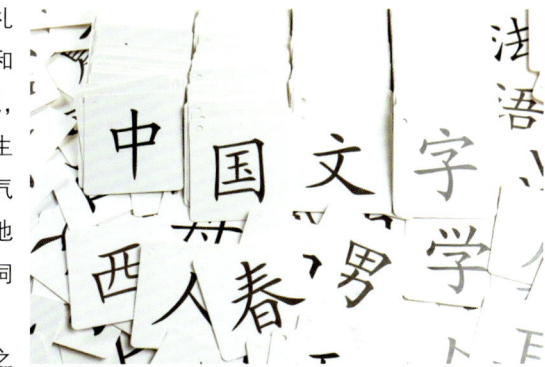

来中国留学之后,我才更了解汉语和我的母语,同时更热爱汉语和我的母语。越南属于东亚文化圈,越南语深受汉语的影响。每个汉字都有对应的越南拼音,越南日常语言中一半以上是汉字读音。可是,现在的越南人大部分都只会读拉丁字母而不会读汉字。在越南,长方形被叫作"日字形"。跟很多越南人一样,我最初并不明白为什么,也不是太在意,以为可能就是一种习惯说法吧。学习汉语之后我才明白,因为"日"字的形状是长方形,所以古代越南人就将长方形叫作"日字形"。原来自古以来我的母语与汉语就有着密切的联系,因此我才能感觉到汉语之美和汉语的灵魂。汉语如此有魅力,其他东亚国家比如韩国、日本的语言也深受汉语的影响。我发现我们学校有很多韩国留学生,他们的汉语也说得非常好,他们也跟我一样深深地被汉语所吸引,很喜欢中国,喜欢中国文化。

在武汉的两年留学时光让我学到了很多东西。学习汉语不单是学习一门外语,而且还是在学习这种语言背后所蕴含的文化、历史和人生观。学习汉语让我更爱我的母语,更爱我的国家,更了解东亚人的生活习惯、文化和历史。

我的汉语启蒙老师

阿力
Arli Khakim
吉尔吉斯斯坦

2012年,我14岁。5月一个阳光明媚的早晨,在我家那条窄窄的街道上,发生了一件新鲜事儿——一个外国帅哥搬到了我家旁边,成了我的邻居。这件事瞬间成了我们小城的一条轰动性新闻。

到学校后,同学们把我团团围住,兴奋地问我:"阿力阿力!快说说那个人什么样儿。""他是哪国人?""阿力,他也说俄语吗?""你去他家做客了吗?"……

我一下子变成了大家的焦点,成了班里的"小明星"。要知道,当时的我性格内向,朋友很少,这么多人围着我、眼巴巴地望着我还是破天荒头一次。我一时得意,就自豪地说:"没错,他是我的邻居。我们已经是朋友啦!"但话一说完我就后悔了,因为大家叽叽喳喳,大有打破砂锅问到底的架势。下课后,我一溜烟儿跑回家,在新邻居的门口踱来踱去……

不过后来,我们真

▼ 我的汉语启蒙老师

的成了好朋友啦！一天，他递给我一个圆圆的东西。这是什么？我从来没见过。轻轻咬一口，好吃极了！我问他："哪里买的？"他告诉我，这叫茯苓饼，是北京特产。北京？我的脸上挂满了问号。北京在哪儿？那是什么地方？他解释道："北京是中国的首都。"哦，我恍然大悟。因为一枚茯苓饼，我对中国有了一份遥远又模糊的期待。当知道他可以教我说汉语时，我兴奋得蹦了起来！

后来的日子里，小城里常出现这样的身影：一个外国帅哥和一个灰头土脸的小男孩儿每天凑在一起，练习着别人听不懂的语言——汉语。就这样日复一日，年复一年。三年后，外国帅哥回国了。送他去机场的路上，我终于体会到汉语里"男儿有泪不轻弹，只因未到伤心处"的滋味了。

一起学习汉语的那三年，我慢慢变得外向开朗起来。汉语像一双手，打磨着我，塑造着我。在千万次的发声吟诵里，"中国"这两个字渐渐有了温度，有了呼吸。现在，我作为一名本科生继续着自己的中国之旅。我把身心浸润在汉语里，感受它包裹着的情感和蕴含着的智慧。如今，我也真正明白了茯苓的含义——"千年之松，下有茯苓"，出自西汉的《淮南子》。

所以说，我的汉语启蒙老师有两个：一个是我的邻居——一位55岁的俄罗斯老帅哥，还有一个就是那年中秋节满月似的茯苓饼。

感谢汉语

金月
Shakirova Altynai
吉尔吉斯斯坦

我觉得，汉语虽然比较难学，但却是一种很美丽的语言。全世界超过14亿的人会说汉语，而且汉语是联合国的六种工作语言之一。

十五六岁的时候，我开始对中国和中国文化产生兴趣。我听了好多中文歌，看了很多中文动画片、电影和视频。我请父母给我报名参加了一个汉语培训班。刚开始学习的时候，因为汉字很难，而且声调也是俄语中没有的，所以我有点儿担心。但爸爸给我讲了量变质变的规律。他说，只要每天努力学习，每天进步一点点，一定会达到目的。所以我每天都坚持学几个新词，写几个汉字，听听中文歌。最有意思的是，培训班有时候会邀请中国人，我们可以与他们交朋友、练习汉语，这种与母语者交流的做法能迅速提高我们的汉语水平。

高中毕业后，我来到中国学习，但语言还是最大的障碍。我感觉每个中国人说话都那么快，我来不及弄明白他们讲的内容，只能听懂个别的词语。那段时间我不敢开口说汉语，因为怕说错，而且一紧张起来，我连平时学过的词语都会忘记。还有，每次说汉语时，我都是先想俄语怎么说，俄语的结构是什么，然后想着怎么把俄语翻译成中文，怎么调整句子的语序。这是一个漫长的过程，所以我汉语讲得很慢。

在中国，还有一个让我惊讶的是中国方言。我早就知道中国有很多

▼ 感谢汉语

方言，但是我以为除了广东话之外，其他方言跟普通话都差不多。但是到了武汉我就发现，武汉话跟普通话很不一样，有些词语是武汉方言中特有的，比如"吃早餐"在武汉话中叫"过早"。

后来我慢慢意识到了自己在汉语学习中的误区——我花了太多时间在理论学习上，但很少在实践中去运用。我学语法规则、做练习题、看书，但是口语实践并没有进步，这使得我在与人交谈时无法表达自己的想法，或者表达得不够流畅。但是语言学习最根本的目的是交流，而不是为了精确地复述语法规则。不管我们学习哪种语言，都应该尝试大胆开口，不要害怕说错。

我想，这肯定不仅仅是我学习汉语过程中遇到的问题，几乎我认识的每个学生都会经历这一过程，但是在我看来，只要你拥有克服语言障碍的愿望和动力，就一定能成功。

现在我还在学习汉语，对我来说，学汉语已经成为一种缓解压力的方式。当我学新词、写汉字、听中国话或者唱中文歌曲时，我会有一种平和的感觉。我不再害怕，也不再紧张，可能是因为我已经知道需要纠正哪些错误了。

汉语也给我的生活带来了很多变化。首先，汉语给了我实现中国梦的机会。其次，汉语还给了我认识中国和中国文化的机会。最后，因为汉语，我认识了很多来自世界各国的朋友。虽然刚开始学习时遇到了一些困难，但我克服了困难，不断提高着我的汉语水平，一步一步朝着自己的目标迈进。所以我要感谢汉语，感谢中国，感谢我生活中发生的一切美好的事情。

汉字之美

何晓娜
Hanane Thamik
摩洛哥

汉字是世界上使用人数最多的文字，也是延续至今的最古老的文字，中国人对汉字的自豪之情不言而喻。

2013年，我有幸拿到了孔子学院奖学金，来到中国学习汉语。还记得中国朋友送给我的第一本工具书就是《小学生笔画部首结构字级笔顺字典》。虽然这本书在我朋友眼里相当简单，但是对我一个汉字初学者而言，当时它给了我很大的帮助。由于2010年学过日语，所以我了解一些基本笔画，可以很好地书写汉字。我不会忘记第一天学会的汉字是"中国人民"。后来，经过无数次的练习和模仿，我进步很快，认识了更多的汉字，写得也越来越漂亮了。

我爱汉字。每当我提笔写汉字时，我都会十分认真地把它们安放在方格子中，写完后还忍不住欣赏它们散发出的无穷魅力。汉字虽是由横竖点撇捺几种简单的笔画组合而成的，但它们并不是僵硬的符号，而是有着独特的味道，每个字都有着不同的风韵。汉字的变化无穷无尽，比如"口"字中间加一竖就成了"中"字，"中"字下面再加一个"心"就变成了"忠"。而且我觉得汉字本身就具有灵性，比如"哭"和"笑"，从字形上看就好像一个在哭，一个在笑。

当然，仅仅通过自己模仿是不够的，我还通过网络参加了一些汉字和书法课程。在学习的过程中,我逐渐了解了汉字的由来和历史,对汉字产生了更加深厚的感情。写汉字时,可以一笔一画地写工整的楷书,也可以一气呵成写出流畅的行书或草书,给人带来很强的视觉冲击力。从历史的角度说,中华民族上下五千年的文明传承离不开汉字,几千年前的文献,正因为是汉字书写的,今天仍然可以认读。而且那些漂亮的文字本身就能给人带来美感,有时候看到中国古代的书法作品,既是一篇好文章,也是一件艺术品,无须去深究文字的意思,心便早已陶醉在美丽的汉字中了。

　　汉字起源于象形文字,后来逐渐由图形变成由笔画构成的方块形符号,所以又叫"方块字"。汉字的美来自每一个字独特的字形和韵味。我希望自己能不断学习汉语,坚持书写汉字,今后在更高的境界上领略汉字之美。

100个视角看中国

我与中国方言、音乐、影视及相声的故事

何欣芬
Thwe Thwe Khin
缅甸

2019年9月,我离开祖国前往中国昆明留学。当我走下飞机、踏上这片未知的土地时,我的内心是紧张的,但也充满了好奇,迫不及待地想要去探索。也许因为自己是华裔,所以中国悠久的历史和灿烂的文化尤其吸引我。

我在家里跟父母说的是云南方言,没想到这给我在昆明的生活带来了很大的便利。第一次去学校食堂吃饭时,我说:"阿姨,我要土豆丝。"阿姨问:"什么?"我指着土豆丝说:"阿姨,我要那个。"阿姨又说:"啊?"我只好说:"阿姨,我要洋芋。"阿姨这才终于听懂了。这件小事让我意识到了学会一个地方的方言的重要性以及方言的迷人和可爱之处。

来到昆明后,我渐渐喜欢上了中国的流行音乐,虽然以前在自己国家也接触过,但听得不多。到中国后,一是受到周围环境和中国文化的影响,二是了解到了汉字、汉语的迷人之处,我开始痴迷于中国歌曲。我最喜欢听的是周杰伦、林俊杰、薛之谦、汪苏泷等歌手的歌曲,开始还只是随便听听,现在已经沉浸在他们美妙的歌声里无法自拔了。

说起中国的电影和电视剧,小时候我看过林正英的僵尸片、周星驰的喜剧片、成龙的武打片,等等。来中国上学后,为了提高汉语水平,我陆续看了不少中国电影和电视剧,其中有些是老师推荐的,有些是同学推荐的,比如中国国产动画片《哪吒之魔童降世》、喜剧电影《美人鱼》、热门爱情剧《想见你》,等等。它们不仅丰富了我的课余生活,而且让我从中学到了不少课本上没有的词语,还有很多地道的表达,令人受益匪浅。

最后再来说说我很喜欢的一门中国民间说唱曲艺——相声,这是我来中国之后才发现的。起先我只是无意中在网上刷到岳云鹏和孙越说的相声片段,看过之后感觉很搞笑,就在网上继续搜索,结果感觉自己像发现了一个宝藏。相声给我带来了很多欢乐,还有我从未接触过的知识,我已经迷上听相声了。

总之,来到中国让我收获颇丰,我对中国的传统文化和流行文化都有了更深入的了解,能够来中国学习我感到非常荣幸。

我对中国方言的感受

花曼婷
Berdyyeva Shirin
土库曼斯坦

学汉语真是一件让人"丧气"的事。就算把普通话学好了,一出校门,发现人家基本不按老师课堂上教的说话。

我在中国接受了长达五年的国际汉语教育。在课堂上,老师教我们的是标准普通话,但实际上,中国人自己的普通话水平也参差不齐。学汉语,我觉得最难的就是声调,因为汉语有四个声调,可是刚学汉语时,对我来说,"号码"和"好吗"完全是一个词啊!

我的母语是土库曼语,我还学习过土耳其语,语系之间的差距让我深深感到:一个土库曼斯坦人去土耳其六个月能学会土耳其语,但是去中国学会汉语,六个月绝对不够。

我学汉语的进度其实挺快的,到中国的头几个星期就学会了大部分基本用语,比如自我介绍、日常客套话、买东西用语等等。对我来说,这些话在日常生活中已经够用了,所以我觉得汉语并不难。但是刚开始说汉语的时候,我还是因为发音闹了很多笑话。比如,我分不清"买"和"卖",不会发"圆""人""日"等音,"太原人"我可能就会说成"太阳人"。

至于方言,那简直是"要命"的经历。有一次我和朋友到四川成都去玩儿,发现好不容易分清的"睡觉"和"水饺"好像又要前功尽弃

▼ 我对中国方言的感受

了。一位中国朋友教了我一个成语——"南腔北调",形容中国各个地方的人都说着不同的方言,同样一个词,不同的地方有不同的腔调和发音。也许,这就是中文迷人和高深莫测的地方吧。语言学家刘半农曾经说过,方言是一种"地域的神味"。但是,这样的"神味"对于常自称"窝们歪果仁"("我们外国人"的谐音)的留学生来说,绝对意味着难上加难。

在我们留学生听起来,中国各个地方方言的差别并没有中国人自己感觉得那么明显,比如北京话、东北话、河北话、陕西话在我们听起来都差不多。

我觉得不同地域的中国人说不同的方言是件很好玩儿的事,我们学习方言也是一种非常好玩儿的经历。

外国人学中国话,最难把握的是声调,或许一句话中每一个字的发音我们都念对了,但错乱的声调仍然让我们的汉语"洋腔洋调"。那么,在中国人听起来,我们的汉语是不是也能算是一种"方言"呢?

100个视角看中国

中国方言

达莎
Nechyaruk Darya
白俄罗斯

方言又称"土语""地方话"。中国的方言五花八门,大致可分为北方方言和南方方言。刚来天津的时候我就发现,在天津听到的天津话和我在白俄罗斯学的标准普通话不一样。后来在北京语言大学读书时又发现,其实北京本地话和标准普通话也是有不同之处的。此外,我还曾去过哈尔滨、合肥、西安、大同、大连、杭州、苏州、上海等城市,每个地方的方言都不一样,而且差异很大,有的方言我甚至完全听不懂,真的像中国的成语说的——"南腔北调"。

在我看来,北方方言与普通话主要是"调"(声调)的不同,但是"腔"大同小异,也就是每个字的声母和韵母没有太大的变化。但南方方言就不同了,声母、韵母和声调跟普通话都不同,听起来简直像另一种语言。所以,北方地区的人沟通起来比较容易,比如天津人与北京人之间的沟通比较顺畅,但天津人与上海人如果都说方言的话,沟通就比较困难了。

我曾经听到许多来自北方的中国人说,南方人说话像鸟语,两千多年前的孟子就曾经说过"南蛮缺舌"。其实,北方的汉族人曾经有过几次大规模的南下,带去了不同时期的北方古汉语,分散到南方各地,于是逐步形成了彼此明显不同的方言。这一点不同于我们白俄罗斯,虽然

▼ 中国方言

白俄罗斯不同地区也存在发音不同的现象，但是差异不是很大，互相都能听懂。

有人也许会问，中国的方言差别这么大，那么方言算另一种语言吗？我觉得不算。因为汉民族是一个统一的民族，不同方言区的人虽然不一定听懂彼此的话，但有普通话作为共同的工具，还有共同的书面语——汉字，只要把方言用汉字写下来，各个方言区的人基本都能看懂。

当然，中国的很多少数民族都有自己的语言文字。我们平常使用的人民币纸币上面，除了汉字，还印有藏文、维吾尔文、蒙古文和壮文，一共有5种语言。

如果追溯中国方言产生的根源，那么原因相当复杂，有政治、经济、历史、地理等多个方面，比如战争、人口迁移等；也有语言本身的原因，比如不同语言的接触等。总而言之，我对中国方言的了解虽然不多，但却很感兴趣，希望将来能够去中国更多的地方听到各具特色的当地方言。

100 个视角看中国

千里姻缘汉语牵

金愍珠
Kim Minju
韩国

七年,科学说,人体全身的细胞可以完全代谢一遍;婚姻中有"七年之痒"的说法,也就是说,爱情在七年后会进入一段危险时期;而我说,七年,让我爱上了汉语,并由此爱上了帮我学汉语的那个"他"。

近年来,随着中国综合国力的增强,汉语逐渐成为热门的学习对象,同时随着韩中经济、文化交流愈发密切,我对中国文化产生了浓厚的兴趣,也对中文专业的未来充满了信心。于是我毅然选择了中文专业,就是这个选择给我的人生带来了翻天覆地的变化。

为了更好地学习汉语,我来到中国大连工业大学留学一年,我认真地读准拼音的 b、p、m、f,写好汉字的一撇一捺,弄清每个词语的含义,来感受汉语的魅力。那一年是我人生中最难忘的一年,负责任的老师、温柔和蔼的领导都给我的汉语学习提供了莫大的帮助。留学期间,我认识了命中注定的他——一个阳光帅气的中国大男孩儿。他带我体会汉字的奇妙,感受汉语的神韵。他让我学到了课本以外的汉语知识,在那段时间,我甚至学会了不少当地方言。汉字的千变万化化成了一根缠绵的红线,将我和他慢慢拉近、缠绕、捆绑在一起。我们因汉语相遇、相识,而后相知、相爱。

愉快的时光总是让人觉得短暂,一年的时间很快就要到了。我俩是校园里再普通不过的一对情侣,但由于这异国的恋情,我们也是一对对未来十分迷茫的情侣,两个人潜意识里已经把这场分离理解为最后的相见,甚至在机场互道了永别。就这样经历了一年的学习后,我回到了韩国,他也去往美国读书。但是千山万水没有阻断我们的爱情,一千多个日夜也没有淡化我们的感情。互道了一年多的晚安之后,我们再也抑制不住对彼此的思念,就这样,我踏上了飞往美国的航班,横跨半个地球去见我的中国男孩儿,我心目中的星辰大海。

　　三千日夜思与念,两万里路云和月,我们互相见证了对方的成长、彼此的真情,我们互见家长,谈婚论嫁。如今我们修成正果,我已经成为中国的媳妇。今年是我们相识的第十二年、结婚的第五年,我们即将迎来爱情的结晶——一个中韩混血的小宝贝。未来的他将精通汉语和韩语两国语言,也会成为新一代传播中韩文化的桥梁。

　　汉语为我们的思念搭建起了一座桥,这座桥跨越山海,跨越心理的坎和文化的墙。我想说:"千里姻缘汉语牵。"

我看中国教育

100个视角看中国

中国的应试教育与素质教育

☐ 达莎
🌐 Nechyaruk Darya
📍 白俄罗斯

在中国期间，我有幸认识了许多中国朋友并经常找他们谈天说地，其中一个热门话题便是中国的应试教育与素质教育。

应试教育，顾名思义，就是为了应付考试而死记硬背，把成绩看得很重要，这种方式有利也有弊。听起来，死记硬背的方式可能比较过时，但是我不完全这么认为。虽然死记硬背无法保证消化学过的全部知识，但是它能够让大脑产生一次性记忆。我曾经在南开大学教俄语，我发现，凡是有过死记硬背经历的学生，在课堂上掌握俄语的速度都比较

快，虽然后来不练习就自然会忘记，但是复习一下就能很快再回忆起来。相比之下，那些没有死记硬背经历的学生，在课堂上吸收知识时明显比较吃力。这种教育方法不限于语言领域，其他学科如数学、物理、化学等都是相同的。虽然容易忘记，但是曾经背过，有助于再次提取知识，因此传统的应试教育有自己的优点和道理。

▼ 中国的应试教育与素质教育

说起素质教育，我个人的理解是，素质教育既包括应试教育，又涵盖应试教育以外的一些教育方式。素质教育看重的不仅仅是分数，还重视培养学生的创造力、独立思考能力、道德素养、审美、劳动技能等等。

我曾经与一位中国朋友聊过有关素质教育的话题，他给我讲了他自己的经历。他上中学时，学校组织看《泰坦尼克号》电影，他说这部电影确实对处在中学时代的学生和对爱情处于懵懂时期的青年有教育意义。当时他的班主任并没有对学生们说"中学时期要好好学习，取得优异成绩，考入名牌大学，找到高薪工作，买大房子，娶贤惠的妻子或者嫁给事业有成的丈夫"，而只是让他们在看这部电影时，体会里面的情节，让学生们通过这部电影树立正确的爱情观。这个朋友告诉我，虽然他们中学时看的只是一部电影，但受到的是一种教育，一种爱情观的教育，这应该也算是素质教育的一种吧。

100个视角看中国

中国的大学

👤 迷迭香
🌐 Asamoah Rosemary Achiaa
📍 加纳

你有没有想过中国有多少所大学和其他高等教育机构？毫无疑问，中国是世界上拥有最好教育体系的国家之一。中国历史悠久，教育资源丰富。根据联合国儿童基金会（UNICEF）的一份报告，中国15—24岁青年人的识字率达到了惊人的96.4%。中国学生非常聪明，有创新精神。作为湖北省省会武汉最好的财经类学校的一名学生，我感到很荣幸，武汉有很多在中国和世界上排名都很高的好学校。

在中国，每个人都为自己的大学感到自豪，因为每一所大学，无论位于哪个城市，都有很棒的宿舍、教室，甚至世界一流的图书馆。篮球场、排球场、足球场、健身房和其他所有运动场地都为学生提供全天候的服务，看到这些设施被很好地利用，让人很兴奋。作为一名国际学生，我们的宿舍房间宽敞，非常有利于学习。每层楼都有厨房，可以让很多人同时做饭，一些大学还提供必要的厨具。洗衣机房也很方便，随时可以使用。

中国拥有先进的技术，教室配备了适合学生学习的设备。老师们都非常认真，对学生也很有耐心。学生们有机会提问，也可以做幻灯片来展示自己学到的东西。与加纳不同，武汉四季分明，所以教室里的空调同时具有制冷、制热的功能，冬暖夏凉，你不能以天气为借口不去上课,因为教室和你的房间一样舒适。

知道中国学生也学习英语,真让人高兴。我有不少中国朋友,他们告诉我,他们很小就开始学习英语。我必须承认,他们说得很好,每个词都很清楚,易于理解。作为一名外国学生,遇到一个努力和你说英语的中国人,你会感到非常激动,就像我在自己国家看到一个中国人并对他喊"你好,你好"来引起他的注意一样。大多数幼儿园、小学和初高中都有英语课。中国人努力说英语的精神是值得赞扬的,这也鼓励了很多外国人同样认真地学习汉语。

当武汉发生新冠肺炎疫情时,我很害怕完成不了学业,因为一切都停滞不前了,我们很可能推迟开学。但中国是一个伟大的国家,学校很快做出调整,开始在线授课、在线考试。这种做法简直棒极了,当然,这也非常具有挑战性,老师们为此付出了巨大的努力。有时候网络不好,老师们就一遍又一遍地重复,甚至利用自己的时间给我们补课。真希望世界上所有的教师都像中国老师这么认真。无论何时,如果你有机会去中国学习,不要犹豫,中国老师真的是独一无二的。国际教育学院(有些学校也称为留学生教育中心)是我们国际学生的第二个家,在这里,老师和学生经常互动,他们会听从学生的建议,也很照顾我们,这让我们感到很温暖。

中国教育最吸引人的还有奖学金,比如中国政府奖学金、孔子学院奖学金、省级奖学金、学院奖学金以及其他同样丰厚的奖学金。各种奖学金都对国际学生开放。所以,永远不要拒绝在中国学习并获得奖学金的机会,这将是你人生最宝贵的经历。

参加课外活动,学习中国语言和文化,到有历史的地方参观,这些都是你不能错过的留学经历。令人兴奋的是,中国的每一所大学都有自己的特色专业,找一所最适合你的学校,享受世界一流的教育资源,像我一样了解中国的历史和文化,你一定不会后悔的!

留学生眼中的中国教育

古瑞娜
Rehna Gul
巴基斯坦

在巴基斯坦获得硕士学位后,我计划继续攻读国际法博士学位。问题来了:我要去哪里读博士呢?中国是雄心、勤奋和成功的象征。多年来的中巴关系表明,中国是巴基斯坦留学生的首选。

我之所以决定到中国学习,是由于中国一流的教育资源和友好的中巴关系,最重要的是,中国人民热情好客。毫无疑问,中国已经成为巴基斯坦人民的第二个家园。中巴经济走廊项目进一步促进了两国关系的发展,为两国教育、贸易、经济和社会交流打开了窗口。我相信中国是巴基斯坦学生学习国际法的好地方。

外国学生在中国有很多东西要学习。有一个很好的研究环境,就有很多机会让你进步。大学里有实验室,对学生的学习起着至关重要的作用。学校是一个巨大的国际交流平台,在这里,你可以和来自不同国家、不同文化的人坐在一起,互相交流和学习。中国的教育系统组织得非常好,特别是在新冠肺炎疫情期间,中国推出了很好的在线教育系统。在线系统组织得很好,你不会觉得教育方法发生了变化,它不会干扰你的学习,在线课程和考试的时间都是提前安排好的。

我接触到的中国学生学习都很努力,也很聪明。父母为了让孩子能在一个良好的环境中学习,为了给孩子创造一个光明的未来,努力为孩子提供各种设施,愿意为孩子的教育做出各种牺牲。中国的父母重视教育,相信知识可以改变命运,所以他们尽力给孩子提供最好的学习环境。同时,父母也期望孩子有一个更高的学历,去获得一个更光明的未来。对中国的父母来说,孩子的教育也是衡量自己成功的指标之一。

众所周知,英语是使用范围最广的语言,很多国家甚至把英语作为官方语言。在中国,从小学到高中,英语都是一门主要的课程,即使是大学生也要通过大学英语四级考试,否则他们就可能拿不到学位证书。有些学生学英语是为了在学校考试中取得高分,有些人是为了出国留学。中国学生喜欢和外国学生用英语交流,表达自己的观点。因为他们的英语基础太好了,所以他们能够充满信心地交谈。

中国的教育体系非常现代化,组织性很强,这对中国学生和外国学生来说都是一个实现目标或学到很多东西的好机会。中国政府和大学根据时代的要求,为中外学生提供了各种便利。中国飞速的发展离不开对人才的重视和培养。

希望在中南财经政法大学生活和学习期间,我能取得一定的学术成果,也能成为一个更好的自己。我相信,这段新的学习经历将对我的人生产生深刻的影响。我希望今后有更多的人来中国留学,因为中国会为你未来的工作和生活积累很多经验。

100个视角看中国

我在中国读博士

思言
Sandra C. Obiora
尼日利亚

如果没有亲眼目睹过中国的教育体系,你可能永远无法真正理解"竞争"这个词。当你走进一所中国大学,特别是那些全球和全国排名顶尖的大学,你在空气中都能感觉到竞争的气息。

中国的大学努力将国际教育和国际学生融入中国教育体系。在我就读的电子科技大学这样一所一流的学校里,虽然国际学生单独在国际教育学院学习,但不管是硕士还是博士,学校都要求国际学生达到与中国学生相同的水平。

我的中国同学身上表现出的努力和认真,是让我们留学生非常钦佩的。他们有些人在谷歌公司实习过,有些人发表了高质量的学术论

文或会议论文,有些人创建了新的模型。每个人身上都表现出创新精神、创造力和取得成果的决心。

除了学术之外,我在大学遇到的大多数中国学生,英语阅读能力都很强。此外,他们的兴趣爱好也很广泛,有些擅长网球、篮球或某项运动,有些擅长乐器演奏。他们还愿意参加各种各样的课外活动,以丰富自己的简历,为将来找一份好工作打下基础。

这一代的中国学生大多是独生子女,因此他们肩上的家庭压力可能是他们不断追求成功的动力之一。每当我走进宽敞明亮的图书馆,就会发现大家或是在认真学习、做作业,或是在包间里开小组会议。在和他们一起开展研究工作时,我总是很好奇他们的动机是什么。他们是受到中国体制内在竞争力的驱动吗?他们是为了在每一个关键时刻都能更好地表现自己吗?我不太确定。然而,这是一种让我钦佩的坚韧,这也促使我在实验室待得更久,学习更久,工作更努力。

我很高兴我走进了中国的教育体制——一个追求好的结果的体制。我能够向别人学习而不拿自己和他们比较。而且,我还发现了这个体系的美妙之处——不仅能让你学习和创造,还能让你发展和创新。

100个视角看中国

中国父母对孩子的期望

达莎
Nechyaruk Darya
白俄罗斯

来中国十多年，我认识了许多中国父母并且跟他们有过不少交流。我发现了一个非常普遍的现象，那就是大多数中国父母对孩子抱着一种"望子成龙，望女成凤"的心态。

"龙"和"凤"指什么呢？指有用的人才。中国父母对孩子的期望大致表现在三个方面：经济、就业和社交。中国父母期望孩子在这些方面取得成功。

孩子出生之后，中国父母就开始为孩子以后的成功做准备了。前几年开始流行这样一句话："不要让孩子输在起跑线。"因此家长会给年幼的孩子报各类培训班，如英语、美术、音乐、体育等。或许父母认为，孩子只有早早开始学技能，才不会输在起跑线上。

到了上学的阶段，家长更是希望孩子加倍努力。除了要求孩子平时完成学校布置的各项作业外，父母还在课外

时间给孩子报各种补习班及提高班，以便让孩子的学习成绩更加优秀。我曾经在网上看到一个数据，说中国父母把 1/3 左右的工资都用在了孩子的教育上，真是不惜重金啊！不过，2021 年中国政府出台了"双减政策"，要求减轻义务教育阶段学生过重的作业负担和校外培训的负担。也许以后中国的孩子可以轻松一点儿了。

到了孩子大学或研究生毕业，父母开始期望孩子能够顺利地找到符合心意的工作。虽然孩子已经是成年人了，但不少在选择工作时，还是会考虑父母的心愿，比如父母都期望着孩子进入大企业或找一份收入稳定的工作。

中国父母对孩子的期望还会延续到孩子结婚。在婚姻方面，父母都希望自己的儿子能够娶到一个贤惠的、孝敬父母的妻子，希望自己的女儿能嫁给有钱有地位的"成功人士"。

总之，从孩子出生到结婚，中国父母都对他们抱有很高的期望，也许有时这些期望已经超出了孩子的能力范围。由于中国是以家庭血缘关系为单位的社会，中国人的家庭观念非常强，因此如果一个家庭里的孩子有出息或完成了父母的期望，那么父母就会脸上有光。也许这就是中国父母希望孩子成功的原因之一吧？

我看中国人

我眼里的中国人

& 沙迪拉
Lama Shaktilal
尼泊尔

来中国求学之前，我就听说中国的历史文化源远流长，各地的风土人情也各有特点，可以说是"一方水土养一方人"。在中国待了五年多之后，我对这句话更是深有感触。我去过北京、上海、义乌、青岛、天津、昆明等很多地方，切实感受到了不同地方中国人不同的性格特点。虽然我遇到的只是一小部分人，但他们有着不同的职业——教师、医生、司机等等，从他们身上我或多或少看到了中国人的差异。

因为在北京上学，所以我在北京的时间最长。在这里，你不仅能见到商业精英，也能见到市井百姓，这也造就了北京文化的多面性、包容性。在这里，现代文化和传统文化和平共处，中国文化与外来文化交相辉映。北京外来人口很多，我遇到的土生土长的老北京很少，要去二环内才能见到。早就听说老派北京人身居京畿之地，见多识广，重礼数，善待人，接触下来，我发现确实是这样。不过在我眼里，他们除了健谈外，话语中还处处充满着幽默。

相比"帝都"北京，我更喜欢"魔都"上海，这不仅因为上海是一个国际大都会，还因为优雅浪漫刻在了上海人的骨子里。我在上海不仅见到过背着名牌包、穿着旗袍去菜场砍价的阿姨，还见到过戴着金边眼镜、梳着大背头、喝着咖啡读书看报的爷爷。虽然有些人觉得上海人太

"斤斤计较"了，但在我看来，那是他们在用实际行动维护自己的利益，维护一个城市的文明。我印象特别深的是上海的司机，他们很有意思。不少司机会说一些英文，让我觉得很方便；有些司机还会跟我说很多关于上海的故事，介绍上海的经典。

昆明虽然没有北京和上海发达，但是一下飞机，我就被眼前的景色给吸引住了。"春城"果然名不虚传，风景和气候都很怡人，整个城市给人的感觉是民风淳朴。去餐馆吃饭的时候，总会遇到一些陌生人，他们对我很热情。他们唱的歌我虽然听不懂，但是觉得很好听。他们的酒量也很好，喝起酒来非常豪爽。即使和我这样的异国陌生人在一起，他们也依旧热情好客，不会令我觉得格格不入。

义乌是浙江中部的一个城市，号称"世界超市"。说起义乌，我首先会想到我的叔叔，定居义乌的他常年与中国人做贸易。第一次去义乌的时候，我在叔叔的带领下逛了义乌的小商品市场，里面满满当当的商品让我眼花缭乱，叹为观止。每次去义乌，我都能感觉出这座城市的新变化，那是一种积极向上的变化。当地政府也很支持外国人在这里做生意。在叔叔那些合作伙伴的身上，我看到了义乌人勤于学习、心思缜密、好动脑筋的特点。

如果有机会，我想在中国再到处走走看看，在每个地方多待一段时间，更真切地了解中国人和中国文化，去体味《中国人的精神》这本书里所说的，中国人的精神内核是君子之道，表现在中国人身上，是一种分寸与体面。

永恒的雷锋精神

达莎
Nechyaruk Darya
白俄罗斯

刚开始接触中国与中国历史时,我最早"认识"的历史人物便是雷锋。2019年,我有幸探访了雷锋的故乡——湖南省长沙市望城区。从抵达望城那一刻起,我就感觉到了雷锋精神无处不在。

其实很久以前我就感受过雷锋精神了。2003年第一次来中国时,有一次我买了火车硬座票,当时只能坐绿皮火车,路途比较远。列车停下来时,一位妇女带着一个两三岁的小孩上了火车,我毫不犹豫地站起来让座,旁边的一位乘客笑着称我为"雷锋"。我当时很奇怪:"雷锋是谁啊?"那位乘客耐心地给我

▼ 永恒的雷锋精神

"扫盲"。他告诉我,在中国,雷锋可以说是"好人好事"的代名词。中国流传着这样一句话:"雷锋出差一千里,好事做了一火车。"他还给我讲了好几个雷锋助人为乐的小故事,让我印象深刻。他还说,雷锋因公殉职的时候只有22岁,我听了觉得非常惋惜。

从那天开始,我就对雷锋有了初步的了解。这件事情让我记忆犹新,可见雷锋在老百姓心中的形象是如此的伟大。雷锋是我们永远的榜样。他把爱无私地奉献给了别人,让世界充满了爱。

雷锋对待工作一丝不苟的态度也值得我们学习。同时,雷锋也是中华民族传统美德的缩影,传承了中国文化中向上、向善的精神。可以说,他对工作的态度是"向上",而对人民的态度是"向善"。

从1963年开始,每年的3月5日还是中国的"学雷锋纪念日",希望大家一起努力构建一个助人为乐的和谐社会。

100 个视角看中国

有缘千里来相会

☺ 张德贵
🌐 Rizal Chandra
📍 印度尼西亚

在中国，我认识了一位非常好的朋友，他叫张伶辉（我叫他"辉哥"），用"伯牙子期"来形容我们的关系似乎也不夸张。四年前，我刚刚开始自己的"走遍中国"之旅，我和辉哥就在张家界的一家青年旅舍认识了。在张家界认识了一位姓张的兄弟，是不是很巧？辉哥是一个热爱独自旅行的大学生，兴趣相同的我们有很多聊不完的话题，我们就这样成了

好朋友。我跟他一起去过很多地方，留下了很多美好的回忆。

他教会了我"坚持"和"突破自己"。因为我们都是大学生，所以出来旅游也都是穷游模式，能省则省。在张家界景区，本来体力不怎么好的我，打算要坐缆车上去，但辉哥鼓励我爬上去，突破自己。于是，我放弃了坐一百多块钱的缆车，跟着他一起艰辛地爬了四个多小时。我们边爬边聊，虽然很累，但不知不觉我们成功爬了上去，欣赏到了举世闻名的张家界美景。还有一次，我们从雪谷一起徒步到了雪乡。这对我

来说有点儿困难，我们要在冰天雪地里徒步六个多小时，还要背着很重的背包。我一直犹豫不决，跟他商量要不要直接租车过去，但我最终相信辉哥，选择了徒步。在六个小时的徒步中，我们翻山越岭，身边白茫茫一片，犹如走在童话世界中。正是有了辉哥的鼓励和帮助，我才最终完成了这次艰难而有趣的徒步，顺利到达了雪乡。

辉哥还喜欢带我去住民宿，体验当地风情。我们那时候住在雪谷的一家民宿，睡在东北大炕上。晚上，老板娘的客栈来了很多客人，忙得不可开交，也没有什么帮手，我和辉哥就当起了志愿者，给客人端菜倒酒。我觉得很好玩，这是我人生第一次当服务员。老板娘看我们帮她，也很心疼我们，最后免了我们的住宿费。在安徽旅行的时候，我

们也选择住在当地传统徽派建筑的民宿里，避开商业化的旅游景点，走进当地老百姓的生活。辉哥说，这样才能体验到最真实的中国。

辉哥还让我体会到了在异国他乡的"兄弟之情"。每年春节我一般都在中国过。得知我远离家乡，辉哥就邀请我到他老家跟他的家人一起过年。他已经把我当成自己家里人了，我非常感动。我跟他最后一次见面是在2018年的夏天，那时候我带着妈妈去乌镇旅行，得知我们到南方旅行，正在考试周的他，不顾一切来到乌镇跟我见面。这种朋友我从未有过，这份友情让我终生难忘。

由于突如其来的疫情，我与辉哥已经分开整整四年了。我很想念他，和他一起旅行的那段时光，真的很美好、很快乐。我们同睡一张床，互相照顾，就像亲兄弟一样。这就是我的中国朋友，一个热情、善良、友好的人。希望疫情快点儿结束，我们能一起再背起包来，来一个穷游之旅！

北京的**人情**味儿

阮玉千金
Nguyen Ngoc Thien Kim
越南

那年夏天,我怀抱着梦想,一个人从越南南方前往中国北京。虽然这不是我第一次出国,但却是第一次一个人背井离乡,第一次远渡重洋,来到一个遥远的地方。"女儿,就算一个人,也要好好的。"那是在机场时年迈的父母嘱咐我的话,也是我时时刻刻都铭记在心的话。

但是,我错了,我父母也错了。

因为在华留学的这段时光我从不曾一个人度过,因为在北京一直都有很多人陪伴我、教诲我、照顾我、保护我、鼓励我、包容我。他们有中国人、韩国人、泰国人、越南人……他们是同学、舍友、老师,是菜市场的叔叔阿姨,是我常常去他小店买奶茶的老板哥哥,是我刚刚认识的"酸奶吧"里那些年轻人……是他们教会我各种各样的知识,从日常小事到国家大事,比如:什么是"一带一路"、什么是"中国梦"、什么叫作"秋老虎"、怎么包饺子、中国的南方人与北方人有何区别……那些北京的出租车司机,简直人人都像政治家一样,每次跟我说起国内外形势来都是滔滔不绝的,真令人刮目相看。身边这些人,有的一天到晚嫌我懒,但是每天都给我做美味的菜肴;有的在我生病时特意端着一碗热乎乎、甜丝丝的绿豆粥送到我宿舍,还叮嘱我一定要吃完,不能偷偷倒掉……

▼ 北京的人情味儿

"在家靠父母,出门靠朋友。"在遥远的异国他乡,和那些不同国家、不同年龄的人相处,我深刻地体会到了什么是真正的友谊,体会到了北京人的好客之心。啊!原来能教我的不只是老师,还可以是周围那些平凡朴实的叔叔阿姨们;原来在这里除了买卖关系,还可以跟老板交个朋友,下课后可以跟他们聊聊人生观、世界观。"酸奶吧"的年轻老板总是跟我说:"你没事也可以来这里玩儿,不是一定要吃酸奶才能来哦!"

就是因为有他们,我想家的时候都不会难过多久。他们甚至让我觉得,就算整个世界背叛了我,也有他们在背后帮我撑住。

就这样,北京古朴和现代的结合让我痴迷陶醉;就这样,北京的生活也突然变得很有艺术感,因为这里存在着一种最无私、最单纯的关系,那就是跨国的友谊。

有一首流行歌曲叫作《平凡的美丽》。是的,在这大大的世界里,我们都是小小的平凡人,过着平凡的生活,但是平凡人也有平凡的美丽。大家都不分你我是什么人,来自哪里,就像一首诗里说的,前世五百次的回眸,才换来今生的擦肩而过。北京这座城市的人民带给我浓浓的人情味儿,就算以后我的人离开了,我的心也永远不会离开。

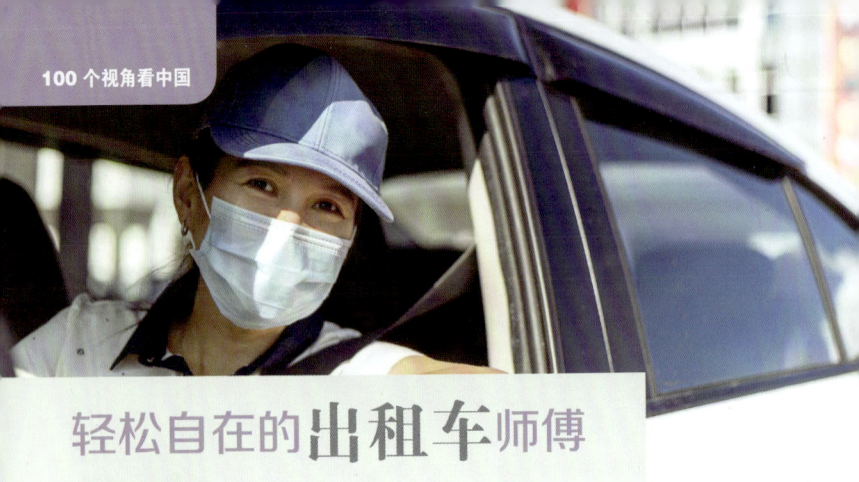

轻松自在的出租车师傅

&#x2osp; 沈薇利
🌐 Sim Wui Lee
📍 马来西亚

每次抵达中国机场,总要搭乘出租车前往目的地,也就免不了一路和出租车师傅聊个天南地北。我总认为"高手在民间"这句话说的就是出租车司机。他们有的身怀十八般武艺,有的拥有出色的思考和分析能力,有的曾是公司老板,但因为这样那样的故事,开启了他们开出租车载客的人生。

让我印象最深刻的是一位女司机,她得知我来自马来西亚后,表示她非常喜欢马来西亚的慢生活,还在吉隆坡双子塔附近买了两套公寓。我对她说,我们都买不起双子塔周边的房子呢!她笑着说,她开了二十多年出租车,风雨不改,钱倒是有一些的。

她随即又说:"每个人的生活际遇不同,所以人生方向也有不同。'轻松'两个字,说的不是什么都不用做就可以获得一切,而是无论生活多么艰难,都可以坦然面对。不管生活是难是易,都有它不同的解决方式。我们只要在面对问题时,尽自己的能力,寻找解决的方法就好了。人得懂得变通,同时不要考虑太多面子问题或老是怨天尤人,这样心就简单多了。"

▼ 轻松自在的出租车师傅

这一番话对我来说简直就是醍醐灌顶。我微笑着对她说:"正因为您不因夏天的炎热而烦躁,不因冬天的天寒地冻而抱怨,更不因刮风下雪而意兴阑珊、无心工作,所以您的内心'也无风雨也无晴',才能如此积极坦然地面对一切。我从您身上看到的是'随遇而安'四个字,正因为有这种心态,您才这么敬业、乐业、爱业。"

她说:"可不是嘛!虽说出租车司机在社会上的地位不像教师、医生那么高,可我们也和他们一样,认真努力地解决人们的问题,我们还得承担起保护你们安全的责任呢!"

"就是,像超人一样。"我说。就这样,我们在欢笑声中抵达目的地,结束了对话。我想,这位拥有吉隆坡双子塔附近两套房的出租车师傅,最宝贵的财富不是那两套房子,而是那一颗轻松自在的心。

平和从容的杭州人

& 塔莎
Natasa P. Vujicic
塞尔维亚

几个世纪以来,杭州一直以其柔和、静谧、风情万种而又不张扬闻名于世,但许多西方人对杭州却不甚了解。我们刚到中国时也是这样。搬来杭州前,我在网上搜索过,除了西湖和杭州国际会议中心外,似乎没有太多值得期待的地方。但在随后的几年里,我们慢慢发现了杭州人骨子里的善良、平和与淡然,慢慢爱上了杭州。规划有序的建筑、澄净的湖泊和流淌的小河、生长在各个角落的树木,凡此种种,共同构成了这座城市沉稳、随和的底蕴。

起初,我总对这样的场景感到惊讶:看到我推着婴儿车,人们不管三七二十一立即给我让路;看到我抬着婴儿车上下楼时,总有人上前主动搭把手。不管走到哪里,都会有人朝你微笑,且毫不吝惜赞美之词。整座城市充满着这种宁静的、令人宽慰的氛围。人们说话都轻声细语的,鲜少发怒。即使是在车祸现场,事主双方也会安静地从车里出来,用手机联系相关人员,没有唇枪舌剑,没有大吼大叫;在结账处,如果有人插队,没有人会出声斥责或抱怨,可是收银员会小声地劝阻插队者;在咖啡馆,如果我朋友高声说话,兴高采烈地挥舞双手,会有人要求她小点儿声,这时她就会礼貌地道歉,并把音量降低几个分贝。对我来说,一切都很新鲜。在我的家乡,要求别人小点儿声只会招致更过分

▼ 平和从容的杭州人

的大喊大叫。

但直到第一次出车祸,我才充分体会到杭州人的平和。那天下着倾盆大雨,我的车后座坐着三个孩子。我在人行道前停下,好给行人让路,突然感到有东西撞了上来,又听到后座传来孩子的尖叫声。我当时魂儿都没了,惊慌地下车,直奔后座看我的孩子。当我打开车门时,看到大女儿紧抿双唇,握着一只手腕,显然是受了伤。我又惊又怒,转身去找肇事司机。他慢慢走过来,犹豫着露出一丝微笑,并表示他的保险公司会赔偿损失。我告诉他我不在乎保险,他急急退了好几步。这时我回过神来,看到大女儿已经和她哥哥玩起了"黑白配"。见状,那人在雨中露出了灿烂的笑容,我也冷静下来,问他接下来该如何处理。他耸了耸肩,说道:"我们把车停到路边,等交警来。"

几分钟后,交警骑着摩托车赶来,然后把我们带到了位于街角的公安局。我找不到停车位,索性把车子停在路中间,打开双闪。那名男子开车跟在我后面,见状便下车,把占着我面前停车位的自行车一辆辆挪走。如此一来,我当然不好再对他生气了。接着,他撑起一把伞,走到车后门,解开安全带,把我大女儿抱了起来。出乎意料的是,我女儿没有抱怨,而是一伸小手圈住他的脖子,由着他把自己带到街对面的公安局。

程序走得很快。我们递交了证件,填了几份表格,然后进入一间办公室。里面有四位男性,他们给我看一面屏幕,上头写着许多我看不懂的小字。他们不会讲英语,也不知道该怎么办。最后,多亏了百度翻译,我才明白是说那个男人会承担所有责任。处理便结束了,就是这么简单。他再次帮忙抱我女儿,和我们一起走回车前。我向他表示感谢,孩子们朝他挥手,他报以微笑,之后我便开车离开。

没有跌宕起伏的情节,没有刺耳难听的话语,没有复杂棘手的问题,这就是我在杭州生活的感受。在麻烦面前沉着冷静,微笑化解,高效应对,这就是杭州人的智慧。

不同地方中国人的**性格特点**

- 沈薇利
- Sim Wui Lee
- 马来西亚

有一次,我和一群中国朋友喝茶。我们当中有一位直率、说话犀利、泪点低、人称"大姐大"的东北人,她突然直言不讳地表达了她对爱喝大红袍、爱吃麻辣烫或麻辣香锅的人的畏惧。而在场的我和另一位厦门的男同学恰好就喜欢大红袍和麻辣香锅,于是我们尴尬地望向她,等待她进一步的说明。

她缓缓表示,她在老家认识了好几位与我们口味相似的朋友,发现他们的脾气都特别大,反倒是和她一样喜欢白茶的人,个性都比较柔和文静,这让她坚持认为脾气和口味是有关联的。而当时在场的其他朋友则表示,饮食口味其实是与气候有关。南方地区较为潮湿,辛辣的食物有利于较快地排出体内的湿气,未必与脾气有关。就在他们你一言我一语的对话当中,我才

▼ 不同地方中国人的性格特点

了解到中国的地大物博,这不仅影响了南北方的饮食习惯,甚至还造成了不同地方民众性格特点的不同,真是令我大开眼界。

朋友说,历史上,东北地区物资丰饶,只要能够抵御严寒酷冬并避开东北虎豹、黑熊等凶猛的野生动物,就能过上较为安稳无忧的生活。因此,东北人较为慵懒,生性也比较率真,说话更是单刀直入。有什么矛盾纷争谈不妥的,喜欢通过拳头解决,这才出现了"你抗揍吗"这一句幽默又具有威胁性的东

北惯用语。而相比东北一带,中国南方由于山区较多,物资较为匮乏,在有限的物质条件下,人民就得更为勤快,同时也得学会察言观色,这也造就了南方人言语更为柔和、具有亲和力的特点。

此时,南方的朋友调侃着说东北人情商太低,而东北的大姐则嫌弃南方人"小家子气",自古就有"南蛮"之称……

这不禁让我想起禅宗六祖慧能大师那一句"人虽有南北,佛性本无南北",还有《三字经》中的"人之初,性本善,性相近,习相远"。大红袍和白茶都产于福建,但加工过程的不同,使得它们的色泽、香气、功效也变得不同。同样生而为人,成长环境和所受教育的不同也会导致每个人性格和行为作风的差异。但要成为一个什么样的人,终究还是每个人自己的选择。虽然我爱喝大红袍、爱吃麻辣烫,但我也可以同时做一个柔和文静的人。

本书作者

Abkeyeva Aigerim(爱雅),哈萨克斯坦人,2020年毕业于西安外国语大学,获得硕士学位。现为中国重庆驻哈萨克斯坦分公司翻译,业余在网上教哈萨克斯坦学生中文。2021年在第二届哈萨克斯坦"光明丝路"知识竞赛中获得一等奖。2022年指导学生代表努尔苏丹市参加汉语桥比赛并获得名次。

Agila Anas Abdulrahmahma Abdo Ahmed(阿那萨),也门人,2019年来到中国绍兴,现在是浙江越秀外国语学院的留学生。喜欢汉语,因为学习汉语是一件非常有挑战性的事;也喜欢中国文化,因为可以从中感受到历史的魅力。

Amani Stephen Milinga(斯蒂芬),坦桑尼亚人,中国农业大学资源与环境学院研究生,曾在华北平原进行实地调研,调查耕作、秸秆和氮素对玉米生产的影响。喜欢学习农业技术,希望为全球消灭饥荒做出自己的贡献。是一个狂热的计算机迷,业余时间喜欢读书、旅游、学习中文。

Anna Kijaniza(安娜),德国人,在中国生活多年。曾在深圳、北京学习汉语,现为华东师范大学文化人类学专业硕士研究生。热爱旅游,通晓多国语言,喜欢中国茶。

▼ 本书作者

Arli Khakim（阿力），吉尔吉斯斯坦人，就读于大连工业大学。曾代表学校参加由孔子学院总部/国家汉办举办的"汉语桥·2017全球外国人汉语大会"决赛，以及由大连市委宣传部主办的大连市高校外国留学生汉语演讲比赛，对汉语及中国文化充满热爱。

Athanasius Mdolo（阿塔那修），马拉维人，清华大学经济与金融专业学生。热爱体育运动，尤其对篮球感兴趣，业余时间喜欢打游戏和读书。

Aztushig（阿兹图希格），蒙古人，目前在蒙古国一家证券交易公司担任高级分析师。平时喜欢观看中国纪录片、阅读历史小说。2012—2016年就读于大连工业大学与蒙古财经大学联合培养的"2+2"项目国际经济与贸易专业，获得学士学位；2018—2021年就读于大连工业大学工商管理专业，获得硕士学位。未来希望继续来华求学，完成博士学位的学习。

Basma Mostafa（王笑），埃及人，母语为阿拉伯语。2012年来中国留学，2020年毕业于北京语言大学，获得比较文学与世界文学专业博士学位。目前从事中国文化与艺术相关书籍的汉阿翻译工作。热爱旅行，相信"读万卷书，行万里路"，希望在旅行中发现中国文化之美。

Belen Fajardo（范贝琳），美国人，现就读于美国休斯敦大学中文专业。初中时开始接触中文，2016年和2021年参加第十五届、第十九届大休斯敦地区中文演讲比赛，分别获得非华裔高中组三等奖和非华裔成人组一等奖。职业目标是成为一名翻译。

Berdyyeva Shirin(花曼婷),土库曼斯坦人,现为天津理工大学工商管理专业硕士生。喜欢了解各个国家的文化,学习不同的语言,认为只有了解了每个国家的文化,才能更好地尊重、平等地对待不同国家的人。

Bibi Kiran(柯澜贝),巴基斯坦人,2014年在伊斯兰堡孔子学院通过HSK(汉语水平考试)后来北京语言大学读书。2018年本科毕业,2020年硕士毕业,现在是博士一年级学生。在此期间获得过30多个奖项,包括2018年北京语言大学孔子奖学金作文比赛一等奖、2019中国驻巴基斯坦大使馆"中巴外交关系"写作比赛二等奖,等等。

Bongkorn Janthongoon(林可儿),泰国人,云南师范大学华文学院本科生。对各种语言和各国文化感兴趣。认为世界很大,应该到处游览;艺术多种多样,应该学会欣赏和感受。热爱学习,获得过云南省华裔学生助学金。

Das Shatrohan Kumar(胜利),尼泊尔人,北京语言大学汉语国际教育专业硕士研究生。喜欢学习中文,热爱中国传统文化,爱好旅游。已在中国留学6年,去过上海、杭州、哈尔滨、贵阳等城市,见证了中国日新月异的变化。2013年参加汉语桥比赛并获得最佳演讲奖。

Gan Yu Sheng(颜毅晟),马来西亚人,自2010年起就读于清华大学,现为清华大学人文学院博士研究生。

Gretta Simbi（格莉塔），卢旺达人，清华大学土木工程专业学生。喜欢学习新的文化和语言，愿意了解不同的价值观和不同的人，相信各国之间的相似之处超过不同和分歧。

Hamza Arfe Nhar Alfathle（韩达），约旦人，2009年起加入联合国贸易与发展委员会，主要负责对接阿拉伯世界的市场业务。2014年至今常驻北京，担任塔拉勒·阿布·格扎拉集团国际中心主任，负责在阿中资企业的日常交流与联络，配合中国驻阿拉伯国家大使馆相关工作，多次代表在阿中资企业与阿拉伯当地政商界进行交流合作。同时，担任阿拉伯中国之友作家和新闻媒体人，国际联盟中国内部事务主席、特别顾问，中建房产（集团）有限公司阿拉伯国家资深顾问。喜欢中国和中国文化，希望中约关系天长地久。

Hanane Thamik（何晓娜），摩洛哥人，武汉大学电子商务专业博士研究生。喜欢接触多元文化，发展跨文化交流能力，对人宽容，心态开放，认为青年是每一个国家的未来。

Joël Bellassen（白乐桑），法国人，首任法国国民教育部汉语总督学，世界汉语教学学会副会长，法国巴黎东方语言文化学院教授，著名汉学家。主编《汉语语法使用说明》《汉字的表意王国》《说字解词》等专著10余部，发表学术论文60余篇。主编的《汉语语言文字启蒙》自1989年出版以来即成为法国最受欢迎的汉语教材。

Jongjin Nilkumhaeng(陈宗真),泰国人,泰国艺术大学管理学院中文讲师。从2001年大学一年级开始学习中文,2007—2010年在北京师范大学汉语文化学院攻读硕士学位,2016年到北京大学对外汉语教育学院攻读博士学位。

Joseph Olivier Mendo(门杜),喀麦隆人,北京大学国际关系学院博士生。喜欢学习不同的语言,体验不同的文化和生活方式。做过志愿者,愿意为社会贡献自己的力量;也去过很多偏远地区进行实地考察,收集了很多一手资料,加深了对不同文化的理解。

Kateryna Zavertailo(郑紫帆),乌克兰人,武汉大学语言学及应用语言学博士。精通乌克兰语、英语及中文,目前从事文学作品翻译及文章编写工作。2021年,介绍中国菜及中国留学经历的著作《蚂蚁上树》在乌克兰出版。

Keaghan Strang(李云起),加拿大人,2017年来到中国,现以全额奖学金在复旦大学攻读中国历史文化专业硕士学位。喜欢旅游,去过中国50多个城市,还去过不少名山大川,喜欢中国的茶道和工艺品。

Khanthaly Hongmany(康塔琳),老挝人,云南师范大学本科生。喜欢学习汉语,喜欢了解中国的传统文化和风俗习惯。通过亲眼所见,加深了对中国文化的认识。

▼ 本书作者

Kim Minju（金慜珠），韩国人，毕业于首尔女子大学，曾就读于大连工业大学国际教育学院汉语进修班。喜欢做各种料理，考取了韩国料理资格证，擅长烹饪各种韩餐、西餐。如今嫁到中国，对中餐非常感兴趣，努力学习中餐制作，争取成为中华料理小当家。

Lama Shaktilal（沙迪拉），尼泊尔人。2021年本科毕业于北京语言大学，毕业后回国从事翻译工作。喜欢学习中文——因为中文很有意思，喜欢看电影、旅行，喜欢吃北京烤鸭，喜欢做中国菜。

Le Minh Quang（黎明光），越南人，2016—2020年在云南大学攻读汉语言文学专业并获得学士学位。获得过云南大学国际学院首届国际学生作文大赛一等奖。现为一家外语培训机构汉语教师，业余时间担任笔译员。热衷于语言学习，经常关注当代中国社会热点问题。

Le Thi Huyen Thanh（黎氏玄清），越南人。就读于广西师范大学，专业为财政学。现为胡志明市社会科学与人文大学（HCMUSSH）越南语教师。希望能为中越两国的学生贡献自己的力量和热情。

Le Thi Khanh Linh（黎氏庆泠），越南人，中南财经政法大学博士研究生。喜欢研究东亚文化及学习东亚国家的语言。希望能运用自己在东亚文化和语言方面的知识为越南的东亚文化复兴做出贡献。

Luu Boi To(刘佩丝),越南人,2016—2018年留学武汉大学,获得国际商务硕士学位,2019—2022年继续在武汉大学攻读世界经济专业博士学位。曾参加"新汉学计划"高级中文翻译人才培养项目,成绩优秀,并获得《中国知识文化辞典》越南语项目翻译资格。

Monica Wairimu(莫妮卡),肯尼亚人,北京林业大学农林经济管理专业硕士研究生。对中国多年来的发展和壮大感到惊讶和着迷,希望积极融入中国的生活。

Natasa Vujicic(塔莎),塞尔维亚人。出生、成长于黑山的科托尔,曾在塞尔维亚和英国生活,之后与丈夫和儿子一起来到中国。在中国,三口之家变成了五口之家。撰写双语图书《23个爱上杭州的理由》,即将出版。

Nechyparuk Darya(达莎),白俄罗斯人,白俄罗斯国立大学语文系汉语教师,现为"孔子新汉学计划"博士生。

NG Wei Loon(黄玮伦),马来西亚人,目前刚结束香港中文大学1年的硕士学业,在香港投入"多元、公平和共融"的工作。

Nguyen Ngoc Thien Kim(阮玉千金),越南人,现为越南土龙木大学(Thu Dau Mot University)中文讲师。已在中国生活8年,曾经去过26个国家和地区,喜欢了解和学习各国的语言和文化,热爱中文和中国文化,希望能成为一名中越文化传播者。

▼ 本书作者

Nguyen Thi Van Khanh（阮氏云庆），越南人，首都师范大学国际文化学院语言学及应用语言学专业2021级硕士研究生。

Nour Ben Ameur（本努尔），突尼斯人，北京林业大学风景园林专业硕士研究生。在中国生活了两年。

Odeniyi Ayodele Joseph（宝贝），尼日利亚人，沈阳师范大学汉语言专业四年级留学生。来中国之前，连一个汉字都看不懂；到中国后，汉语水平有了很大的进步。喜欢音乐、旅行、足球、美食，希望将来成为一名优秀的翻译。

Pham Thi Thu（范氏秋），越南人，越南丰东大学（Phuong Dong University）本科毕业，现为公司行政经理。2015年冬第一次到访中国，自此爱上中国和中文。学习中文一年多，希望将来能用中文写一部属于自己的小说或者当一名中文老师。

Phyo Thinzar Win（郭爱丽），缅甸人，云南师范大学华文学院本科生。没来中国前就非常喜欢看介绍中国文化的节目和电视剧，觉得中国人说汉语很好听，慢慢地就喜欢上了汉语并一直学习到现在。来到云南后，更加了解了中国人的生活方式及风俗习惯，非常喜欢云南当地特色美食。

Prince Dhakal（哈卡），尼泊尔人，电子科技大学计算机专业学生，对语言和科技有着浓厚的兴趣。近两年来，一直潜心学习视频游戏制作，坚信科技的进步将重新定义我们的未来，希望可以用自己的力量为科技进步做出贡献。

Randrianarivelo Fitahiana Vahatriniaina（宋翊），马达加斯加人，2018年开始在江西师范大学攻读汉语国际教育专业，2022年本科毕业，计划继续在中国读研。喜欢唱歌、旅游、游泳、社交，性格开朗、乐观、善良、温柔。

Rehna Gul（古瑞娜），巴基斯坦人。毕业于中南财经政法大学法学院，获得国际法博士学位，在国际期刊上发表过多篇研究文章。喜欢学习中文、了解中国文化，在大学期间参加过多项活动，参观过多个名胜古迹，品尝过多种中国美食。

Rizal Chandra（张德贵），印度尼西亚人，2015—2020年就读于北京语言大学，获得硕士学位。留学期间背包旅行走遍中国25个省份。曾获得第六届汉语桥印尼赛区亚军、第一届京津冀东盟留学生汉语大赛季军、在华印尼学生会学术优秀学生奖、中国驻印尼大使馆"我的中国故事"比赛季军。

Rosemary Achiaa Asamoah（迷迭香），加纳人。2021年在中南财经政法大学获得国际法硕士学位，目前在上海大学攻读博士学位，专业为全球研究。喜欢探索中国文化，享受在中国的每一刻。在中国生活增加了自己对中国文化和汉语的兴趣，在离开中国之前，希望能多到中国各地游览。

▼ 本书作者

Sam Yakusu Bokawenyama（李山姆），刚果人，中南财经政法大学法律系博士、金沙萨大学法律系国际经济法教授。热爱中国，正是在中国发现了一种更好的文化和一种新的生活方式。在中国做过志愿者工作，去过很多偏远地区做实地考察，增进了对中国的了解。

Sandra C. Obiora（思言），尼日利亚人，2013年来到中国成都，现为电子科技大学管理与经济学院博士生，曾在纽约公共图书馆出版过诗集，同时是 TEDx 主讲人、www.apoetsbrain.com 网站创办者。

Saturnin Zigani（萨图宁），布基纳法索人，中国农业大学硕士研究生。喜欢做研究、运动、参观旅游景点、结交新朋友。愿意与不同视野的人交流文化和价值观，相信不论肤色和信仰，只要大家乐于分享，心中有爱，就能促进世界和平。

Shakirova Altynai（金月），吉尔吉斯斯坦人，中南财经政法大学经济学院本科生。喜欢旅游、学习外语、打网球。对中国文化和历史产生兴趣后开始学习中文，已获得 HSK（汉语水平考试）六级证书。喜欢看经济类杂志，聆听世界各地不同大学经济学教授的在线讲座，希望毕业以后能把所学知识运用到实践中。

Shiroma Saaya（城间小采），日本人，首都师范大学国际文化学院 2021 级语言学及应用语言学专业硕士研究生。

Sim Wui Lee(沈薇利),马来西亚人,2008年来到中国,已获得清华大学学士和硕士学位,现为北京语言大学博士研究生。

Tewodros Megabiaw Tassew(田阳明),埃塞俄比亚人,本科毕业于温州大学计算机与人工智能学院,2021年获温州大学华峰品德奖。目前在西北工业大学软件学院攻读硕士学位。喜爱编程,研发过多款社交媒体、购物应用程序,并在手机应用商店发布使用。乐于分享,在学校开展学业帮扶,成立学习小组,帮助学习困难的同学。喜欢交流,希望成为中国和埃塞俄比亚友好交流的信使,帮助双方实现互惠互利。

Thanya Saeyang(李文龙),泰国人,2019年获得国家留学基金委奖学金,目前是沈阳师范大学汉语国际教育专业三年级学生。喜欢汉语和中国文化,兴趣爱好是听音乐、唱歌、弹钢琴等。曾获得第二届中华经典诵写讲大赛全国三等奖、辽宁省高校中外大学生中华经典诵读大赛一等奖。

Thwe Thwe Khin(何欣芬),缅甸人,云南师范大学华文学院国际经济与贸易专业本科生。闲暇时喜欢看各种中文小说,喜欢学习关于茶的文化以及茶叶的加工技术等。

Tran Trung Duc(陈忠德),越南人,云南师范大学汉语国际教育专业本科生。热衷于学习汉语、了解中国文化,性格活泼开朗、乐于助人。学习努力,成绩名列前茅;积极参加各种比赛,荣获从学院级至国际级奖项共9个。

▼本书作者

Tuya Kula（图雅），纳米比亚人，2022年毕业于大连工业大学服装学院，获得学士学位。在中国学习期间，积极参加学术活动、科研项目及各种竞赛，获得多个奖项。喜欢通过学习新事物来挑战自己，希望继续在中国攻读硕士学位。

Vincent Mbonihankuye（文森特），布隆迪人，2021年6月毕业于中国传媒大学国际新闻与传播专业。2021年9月开始攻读博士学位。自2018年以来，对中非合作非常感兴趣，曾受邀参加多场有关中非合作的活动，多次在中国和布隆迪发表文章。

Winnie Cherina（洪妙珑），印度尼西亚人，印尼世界大学2018级学生，首都师范大学线上授课项目学生。

Yameogo Philippe（菲利普），布基纳法索人，中国农业大学植物保护专业学生。热衷环保，渴望给人们提供健康的、有益的生活。尊重文化多样性，乐于向不同文化学习。希望每个人都能真诚地去治愈这个世界，为全人类创造一个更美好的世界。

Yeong Yi Ting（杨依婷），马来西亚人，中国传媒大学人文学院汉语国际教育专业研究生在读。曾任马来西亚驻中国大使馆教育处实习生，现任北京环球英才交流促进会来华留学人才干事。2017—2021年连续5年获得中国政府全额奖学金。多次参加"汉语桥"俱乐部、北京大学"中国—东盟青年峰会"、国际硕博士生学术论坛。

Zhanar Toktarbay(嘉娜尔),哈萨克斯坦人,原为哈萨克斯坦管理经济战略研究院(KIMEP大学)中文讲师,2017年获得"孔子新汉学计划"博士奖学金,现为北京语言大学语言科学院博士研究生。

Zin Set Nyein(冯洁若),缅甸人,云南师范大学本科生。喜欢学习中国礼仪、中国文化和中国少数民族舞蹈。梦想是在缅甸当一名合格的汉语教师,让更多的人学习汉语并了解中国文化。

本书在征稿过程中得到"中非青年联合会"(China Africa Youth Federation)的大力支持,特此表示感谢!